DONDE NACE
EL POEMA

DONDE NACE EL POEMA

Noelia Castellón

Copyright © 2010 por Noelia Castellón.

Número de Control de la Biblioteca del Congreso:	2010940252
ISBN: Tapa Blanda	978-1-6176-4311-8
Libro Electrónico	978-1-6176-4312-5

Todos los derechos reservados. Ninguna parte de este libro puede ser reproducida o transmitida de cualquier forma o por cualquier medio, electrónico o mecánico, incluyendo fotocopia, grabación, o por cualquier sistema de almacenamiento y recuperación, sin permiso escrito del propietario del copyright.

Este Libro fue impreso en los Estados Unidos de América.

Para ordenar copias adicionales de este libro, contactar:
Palibrio
1-877-407-5847
www.Palibrio.com
ordenes@palibrio.com
305863

Índice

La gran puerta 15
A la imagen del alma 17
A la niña cubana 19
La Infancia 20
A traves del espejo 21
A ti 23
A través del cristal 24
¿A qué le temes? 26
A una grande 28
A una sombra 30
A veces 31
A veces te miro 32
Al Acróbata 34
Al igual que tú 35
Al pequeño gigante 37
Alegria 38
Alejate soledad 40
Amame 41
Amar pecando 42
Amarte no me duele 44
Amiga 45
Amigo 47
Amor 49
Amor brujo 50
Amor de siempre 51
Amor en silencio 53
Amor tormentoso 55
Amor tu no me llenas 57
Amor viajero 59
Anclado a mi vida 60
Angel de prisa 61

Angel de seda	63
Aprendí y añoré	65
Aquel vals	66
Arena blanca	67
Aroma	69
Atrapada	71
Atrévete	73
Atrevida	74
Aun no es mañana	76
Aunque no te veo	77
Ay amor	78
¡Ay luna!	80
¡Ay mulato!	81
Ayúdame	82
Bifurcaciones	84
Boumerang	85
Brillas	87
A José Martí	89
Bulerías	90
Búscame	92
Busco refugio	93
Cambiando	95
Cambio	97
Carne sabor a son	98
Casablanca	99
Como aprender	100
Como eco dormido	101
Como gota de rocío	103
Como grabar	104
Como hielo	105
Como ladrón	106
Como llegar	107
Como ola en silencio	109
Como pensaría	111
Como puedo decir	113
Como resplandecer	115
Como soy	117
Como te busco	118
¡Como te siento!	120
Como te siento amor	122
Como un sueño	124
Compartido	126

Cómplices de amor	128
Conociéndote	129
Contradicción	131
Conversando con la luna	132
Cordón de vida	133
Corriente de amor	135
Cualquier dia	137
Cuando termine yo comienzo	138
Cuidate	140
Dando vueltas	142
De muchas maneras	144
De pie estoy	145
De quien es la culpa	146
Debajo de mi piel	148
¡Déjame soñar!	150
Del todo nada	151
Dentro de mi	153
Dentro de mis dudas	154
Desaparece	155
Desconfianza	156
Desnuda ante el silencio	158
Después de ti	159
Detrás de tus labios un desierto	161
Dialogando	162
Dile, dile	164
Dime amor	166
Dime necesidad	168
Diosa al oleo	170
Diva virtual	172
Divagando	173
Donde esta el amor	175
¿Dónde estás?	176
El águila del norte	177
El arca de Noe	178
El camino	180
El carrusel	181
El chín chín (sonido de la lluvia al caer en un techo)	182
El gato	184
El lago seco	185
El niño negro	187
El reflejo	188
El resguardo de mi vida	189

El silencio de mi pasión 191
Emigrante 193
En aquella habitación 194
En el bolsillo 196
En este mar 197
En mi ventana 199
Enamorados 200
Entonces amor 201
Entrar en tu mundo 202
Entre el estar 203
Entre mar y cielo 205
Entre mil amores 207
Entre nubes 209
Entretejo 210
Eres 211
Eres eso 212
Eres tu 213
Es mejor así 215
Es tanta la distancia 217
Ese alguien 218
Espera 220
Esta es la razón 222
Estado febril 223
Están ciegos 225
Este amor 227
Este amor loco 228
Este amor mío 230
Este frío 231
Este temor 232
Eterna viajera 233
Eternamente 235
Extraños ojos 236
Fiesta de alegría 238
Flor amarilla 239
Fresa y chocolate 241
Fronteras de vientos 243
Fuertes latidos 244
Fugaz 245
Fundidos 246
Fusionado intimo 247
Fusionados 249
Gaviota 251

Gotas de rocío	252
Guárdame el secreto	254
Hambre de amor	255
Hazme el amor	257
Hazme entender	259
Hombre	261
¿Hombre dónde estás?	262
Hoy te sentí	264
Ilusa lágrima	266
Imagen	267
Inevitablemente	268
Intuición	269
Isla y mar	271
La cama	273
La cara que no se ve	274
La cascada	276
La computadora	277
La duda	279
La estatua	280
La flor	281
La gran mentira	282
La gran puerta	284
La lluvia	286
La nube y el sol	287
La otra parte	289
La palabra	290
La piedra	291
La roca y la ola	293
La subasta	294
La Venus de Milo	296
La vida no perdona	298
La vieja glorieta	300
Las laderas de mi volcán	302
Lastima	304
Leyendo la palma de tu mano	305
Libélula	307
Llámame cobarde	309
Llega el hastío	310
Brindo	312
Llévatelo todo	314
Loca errante	316
Locura	318

Los años	319
Los ídolos se rompen	321
Lucero de mañana	322
Luna de todo	323
Luz de esmeralda	325
Manjares de vida	327
Me cansé	329
Me contaron de ti	331
Me desnudo	333
Me enseñaste a vivir	334
Me gusta	335
Me hallarás	336
Me recordarás	338
Me regalo	340
Mentiras	341
Mi alimento diario	342
Mi alma desnuda	344
Mi credo	346
Mi estación quedó atrás	348

Dedicatoria

Especialmente a quienes me dieron la vida, porque por ellos soy.
A mis hijos Ivor y Michael, a mis nietos Matthew, Marco y Samuel,
a mi esposo Ricardo y en particular a ese alguien que vive muy dentro
de mí, acompañándome en todo momento.

**En mis sueños surges, a mi mente lo llevo,
al papel lo entrego para poderte leer,
mucho me urges.**

La gran puerta

He traspasado el umbral, me detengo,
y se abre la gran puerta de mi vida,
donde no todos penetran,
en donde a oscura hallo lo que busco,
mis frutos que con pasión sostengo.
A los que un día dejé detrás,
sin saber, si los volvería a ver.
Quedando como árbol que sólo florece
en medio de una real adversidad,
Y partí al norte respirando
el aliento de mí último suspiro.
Yo los protegí de sueños alentadores,
llenos de alabanzas nuevas,
me llenan de orgullo cuando los miro
para que los agasajen los clamores.
Ahí están mis puntales de roble y acero fundido.
De batallas ardientes en medio de océanos
y de valles desiguales.
volando con mis premuras,
elevando sueños de grandes alturas
un rescate a rumbos irreales.,
nunca una lágrima me sirvió de acicate,
solo la seguridad de mi fuerza bravía,
era la vencedora de la cercanía.
Mis veleros yacen como naves seguras,
timoneé con mis fuerzas en medio de tempestades,
llenándose de mi bravura.
¿No los ves?
Son mi existencia y la energía
de un pasaje que no tuvo regreso.
Ellos fueron parte de mi melancolía,
del pasado que quedó deshecho,
que supe levantar con alegrías.

He puesto mi buena moldura
sobre sus hombros preparados,
con el cincel de mi amor tallé sus figuras,
siempre el consejo certero que nunca les ha faltado.
Les doy calor con el fuego de mis manos
los abrazo, los mimo y los adoro,
¡Porque mis dos hijos son, mi mayor tesoro.!

A la imagen del alma

Eres figura lejana que apareces con el tiempo
yo te siento cercana
pero a veces se me esconde como un lamento.
Mi poesía siento que sale de adentro
con sus faltas y sonoridad.
Sin comas y sin acentos,
porque doy amor sin exigencias,
la ternura del niño que llevamos dentro,
una amistad sin clemencia,
quiero llegar a ti como libre viento,
no quiero dañar la estrofa
ni con el pensamiento
del maestro sus conocimientos
yo soy una simple aprendiz,
escucho como eco tal vez
un quejido adolescente
la imagen se me fue,
pero sigue aquí en mi mente.
Mi inspiración corre veloz
navegando a lo desconocido,
a veces no soy yo,
poniéndole algo atrevido.
Hay árboles frondosos, habrá otros prohibidos,
la vegetación inmadura
inspirada en un soñado futuro
¿quién sabe de tiempo?

Si todo en la vida es inseguro.
Quería ser libre,
que mi musa fuese precisa
me vuelve a enrolar la rima,
llenándome de risas.
Dondequiera que te halles
en cualquier nebulosa,
este sentir divino me hace dichosa.
Te miro junto al río cerca de una pradera
estas cerca de lo mío,
en el día y la noche entera,
donde la imaginación se desplaza vertiginosa
lo muerto recobra vida
y la vida, abre como una rosa.

A la niña cubana

Tú viniste en mis brazos,
miré atrás mi tierra lejana,
yo te apretaba en mi regazo
para que la distancia,
fuera más cercana.

Las nubes sintieron mis suspiros,
te miraba tan radiante
haciendo que surgiera el olvido
poniendo mis ojos en tu semblante.

Llegaste a mi vida
cuando más lo necesitaba
y como quien lo da todo,
me diste amor en forma callada.

Sentí tu cercanía, en todo momento
con esa ilusión es la que vivo,
por ella es la que yo siento.
bella dispuesta, engalana.

Corredoras de historias, hechos
y de inquietudes, es mi niña cubana
es la que sembré en mi pecho,.
mi muñeca viajando latitudes.

No la juzgues por juzgar,
no pienses en tonterías
ni hables por hablar,
ella no conoce las groserías.
Conjuga en todos el tiempo
el verbo amar,
es mi niña cubana,
¡respétamela!
¡No te vayas a equivocar!

La Infancia

Cuando la infancia viene a mi mente
siento frío,
recuerdo tanta necesidad existente
y siento dolor por los azotes
a este suelo mío.
No tenia juguetes,
no tenia pan
todo era vacío,
no conocía la libertad,
creía que toda mentira era verdad
y sin pan ni juguete,
¡pensaba que eso era lo mío!
Un día con llanto
pensé en un presente seguro,
soñé con lindos juguetes,
muñecos con ideales puros
y conocí la libertad,
aunque en sueños fuera.
Me sentí grande
¡ comprendí que niña ya no era!

A traves del espejo

Me miro en el espejo,
donde veo una imagen
que divaga en mi mente,
la miro impetuosa,
admirable,
donde sus ojos
quedan mirando los míos
y los siento el más puro reflejo.
Tu alma
transciende del infinito pensar,
donde mi espíritu,
me lo imagino
en puro grito,
con ansias de llorar.
Veo en el espejo unos ojos amantes,
soñadores,
y de una virtud sin igual,
en esos ojos me quiero mirar
con lo profundo de mi destello,
¿por qué me miro en ellos?
y los miro en un pasar.
Épocas de antaño,
donde una bella quimera
lucía radiante
y en el espejo la veo a ella,
con su pelo flamante,
suelto como las olas
y en ese oleaje yo me pierdo
como concha y caracola.
Esa que no se hunde en la profundidad,
me miro en el espejo
y quiero perderme allá,

donde la quietud del río
me saluda cordialmente,
yo te llevo en mi mente
como diosa y consentida,
¡inmensa sublimidad!
¡llena de espiritualidad!
y ante tu imagen me detengo.
¡En el espejo de mi alma te miras!
con toda tu calma,
llevándome de la mano
donde mi cuerpo te entrego,
toma con tu sabiduría
y apego
mi imagen por completo,
¡bésame el alma, que aquí llevo mi amuleto!
para la posteridad,
¡dime que mi amor es de verdad!
¡déjame en mi santa quietud!
seguir mirándome
en el espejo de mi vida,
donde las penas están perdidas
y sólo la ves tú,
en el silencio las escondo,
porque mi imagen no está vestida
de una apariencia irreal,
soy transparente
como gota de agua,
que al mismo fondo va a parar.
A través de mi esencia
estoy dispuesta amada mía,
respetando creencias
¡ llenas de amor podernos mirar!

A ti

En tu nostalgia sombría,
me preguntaba anoche,
¿Por qué también era la mía?
Sin poderte hacer reproches.
Te noté diferente, tan lejano
como quien anhela resolver
problemas que atan las manos.
No podemos muchas veces
tapar con la máscara febril,
con la fuerza saber discernir
de los medios que se carece.
¡Deja la sangre tu pasión fluir!
¡El pensamiento correr lejano!
Afuera hay un porvenir,
apóyate aquí está mi mano.
No pienses nunca que no llegan
ellas alcanzan a su manera
hasta increíbles empeños,
tocarán tus inmensos sueños.
Nos amaremos la noche entera
hasta que me digas:
¡ no puedo más!
¡Yo soy tu dueño!

A través del cristal

A través del cristal
siento un corazón
que me quiere hablar,
me llama en silencio,
con vehemencia
siento sus latidos,
que se abrazan a los míos
en un suspiro de clemencia.
Yo acudo a el,
cerca lo siento
y aunque no te pueda ver,
mis sentidos
me hacen entender,
que aunque frío
esté el cristal
mi amor es caliente
y lo puede traspasar,
¿cómo a mi puedes llegar?
son atracciones,
lazos de existencia
que en otra vida
tuvieron su esencia,
o tal vez sus razones.
Hoy nos llega
como luz cristalina,
que emana
de esa providencia divina.
Yo vivo
hasta tus desvaríos
tus ansias,
tus ímpetus,
tus deseos
cuando se avecina
a los placeres míos,

porque te siento
a través del cristal,
tus ojos con los míos
en silencio,
sin vernos nos podemos mirar,
porque te amo a través
de la transparencia
de lo frío,
de la estático,
calculador
y desinteresado
no lacera mi espíritu,
porque nunca está calmado,
en constante ebullición
traspasa con su fuerza
cualquier material.
Te amo, te siento, te miro, te gozo,
te disfruto con ansias plena
a través del cristal,
así en la transparencia
¡te quiero también amar!
aunque al hacerlo
de esta manera
no quede del todo llena,
Temiendo aceptar
que una digital sinfonía
¡me haga sollozar!

¿A qué le temes?

A qué le temes a que soy apasionada,
que tengo un corazón lastimado,
por la mezquindad del ser humano.
No temas no te he dicho nada.
No me temas, carnívora aun no soy,
me gusta bien elaborada.
Y mucho menos irme
a la huerta del vecino cercano.
No me temas por favor
con afilados huesos,
yo sólo te he ofrecido amor,
nada más que eso.
Y no es delito condenable,
por el hombre
que sentenciando vive.
Mi amor es tan grande, que no concibe
que lo puedas confundir,
Te hablo, no me quieres oír.
Yo sólo pido un poco de amor que me cultive.
La ilusión del desencanto viril y vacío,
para que mi vida pueda seguir,
yo sólo te he ofrecido este amor que es tan mío,
¿por qué un status puede hacer desvíos?
Mi alma es libre, mi amor, mis sentidos,
corporalmente situados, no vencidos,
buscando la caricia, en calma pausada,
no temas, con tantas palabras
sin ser rebuscadas,
aun no te he dicho nada.
Tú no me podrás entender,
¡es tanto lo que yo siento!

Sin poder comprender,
que es como un lamento
unido a la necesidad
que se lleva tan dentro,
Es que te amo de verdad,
como amo el aire, al sueño,
el sentido de propiedad es este,
¡mi amor, mi único dueño!

A una grande

No pude decirte adiós,
Un adiós deseado,
Tu mente atrofiada no hubiera entendido
de despedida, esa que seria la última
la que es sin medidas.
Ya que no te volvería a ver,
por el desenlace cruel
que le diste a tu vida.
Tu voz potente representó
La isla en muchos festivales diferentes.
Y siempre estuviste tú,
Jamás una voz se escuchó con tanta plenitud.
El Sueño de Amor de Liz,
Tanto que te lo pedí y te molestabas,
cuando por mis mejillas una lágrima rodaba.
Ese Mozart en tu piano,
¡al compás de tus dedos cómo lo escuchaba!,
La Comparsita de Lecuona
¡cómo me deleitaba!,
Beethoven y su sinfonía que tú tanto lo alabaras,
Chopin que su música tanto amabas.
María Teresa Vera que tanta música te diera
Y que tu piano hacia lo que tus dedos quisiera.
¡Ay Cristi, estés donde estés!
Yo te recuerdo en la distancia de mis horas,
de mis imaginarios sueños,
en la música pasionaria de mi vida.
Cuando representabas a nuestra Cuba
jamás te dije que mi corazón se asustaba,
por temor a esa enorme voz
que como pájaro trinaba,
cómo me asustaban esos acordes tan altos,
pero tú siempre llegabas.

Era mucha la pasión con que luchaste por tu éxito.
Recuerdo cuántas veces tus dedos acariciadores de letras
complaciendo mis ansias antes El Concierto de Aranjuez,
jamás lo he vuelto a escuchar de esa forma única, después.
¡Qué maravilla ahí el sentimiento se me unía a la palabra!
Y lo que podía era sólo,
contemplarte con admiración.
Donde estés, tus melodías
tus notas en el pentagrama de tu vida,
siempre las escucharé en su mejor clave,
alegrando a los demás,
aunque tu alma siempre estuvo tan vacía
y tanto que te quise con la mía, llenar
No me pudiste entender Jamás,
por tu razonar,
¡Gloria en las alturas!
¡donde sólo caben las personas con tu hermosura!

A una sombra

Estoy enamorada de una sombra,
esa sombra es mi amante,
es mi amiga invisible y callada
que comparte mis desvíos,
ella sabe de mis cuitas de amor
no les diré donde hubo los amoríos
para no causarle dolor.
Esta sombra camina con mi alma
entre pisadas y certezas ella conoce
¿dónde guardo mi grandeza?
De esta sombra ¡ya hasta amo sus rarezas!
Necesito refugiarme en su calma
yo le busco asolapadamente
porque ella es dueña de mi alma,
con pesar que no me escuche
en momentos se hace latente,
se me esconde, pero siempre está presente.
La llamo, la busco sin poder hallarla,
¡hasta me desespera!
Pero sabes ¿por qué me huye?
Mi sombra es de otra esfera
la que no existe tal vez
se que en cualquiera ella me espera
porque mi sombra es el inmenso amor,
este que te nombra,
que llevo tan dentro
¡ y que sólo tú lo ves!

A veces

A veces pienso
que el cuerpo me tocas,
como un loco sediento de amor,
que me buscas,
me provocas,
me llamas,
¡mis besos quieres tener!
porque siento
que no me puedes ver
solitaria vistiendo mi cama,
entonces me buscas,
me calmas
me impulsas
a tus juegos morbosos,
¡cómo yo gozo!
con tus pasiones ardientes,
me amas todas las veces,
me besas todo mi cuerpo,
tu piel suave me acaricia,
siento una avaricia suave que
me abrazas,
yo se que algo te pasa,
y que estás a punto de perecer,
te hablo de la afectación al planeta,
para entretener tu mente,
¡pero sin querer!
miro el brillo de tus ojos
el verde se ha puesto rojo,
se enfurecen los míos confundidos,
¡hay de pasión un gemido!
¡por el éxtasis, no nos podemos contener!
No pienso entonces en el planeta,
que pueda desaparecer.

A veces te miro

A veces miro
como quien mira cualquier cosa,
no importa
si llevas dentro de tu alma
algún suspiro,
de esos aguantados,
de esos suspendidos
que son como espinas de rosas,
de las que alguna vez
te haz pinchado,
te miro como quien mira
ese tiempo pasado,
que sabes que sigue ahí,
pero no lo ves ya
con gran significado,
solamente como ese aire
que pasó por tu lado
que aunque te despeinó
con el dolor se esfumó.
A veces veo tu nombre,
te imagino prepotente,
erguido
en tu grandeza intachable,
que te hace más decidido,
audaz,
capaz de renunciar
al más tierno amor
por no jugar
a lo prohibido.
Por eso te veo de pronto,
¡ya ni te admiro!

sólo te pienso
y me digo,
¡que tonto y qué engreído!
¡no jugó cuando niño
a los juegos escondidos!
Ahora te miro incapaz
de probar los besos robados,
las caricias sentidas,
en noches de frío con tornados.
A veces te imagino fuerte
como roble
que no se puede torcer,
otras como gorrión
que comió en mi mano
y su vuelo quiere emprender.
¡yo quiero el hombre honesto!
pero arriesgado,
ese que llevas dentro
que aunque tonto y engreído
me hizo comprender
que la tonta y entupida,
fui yo,
¡que de ti me enamoré!
y a pesar de ser aprendiz
que en mi libro no supo leer,
recorriste rápido
cada pagina de mi vida,
en cambio,
¡no me supiste querer!

Al Acróbata

Te miro en lo alto,
como quien quiere elevar
sus pensamientos, sus sentidos
y que sea acariciado por el viento.
Para elevarlo a las praderas
allá donde nadie hubiera,
sólo un derecho:
Nacer libre y sin fronteras,
elevando su espíritu
a las enormes alturas,
llevando consigo
una virtual soldadura
que te ha de llevar a la cima.
Tu vida allí entre aventuras
de alpinista
y romances apasionados,
tienes tres peldaños escalados
por los que sueña tu mente en acecho,
hombre de talento
y sentir dentro del pecho,
una cuerda que la sube,
con cordura y aunque esté afligido
porque él sabe elevarse erguido,
y un deseo que al sentir,
unas manos desde abajo
junto a las mías, lo han de aplaudir.

Al igual que tú

Yo al igual que tu,
te extraño todo,
hasta el más cálido acento de tu voz,
ese susurrar,
que me calma de momento
en mi largo esperar,
pero es que yo se
que no te puedo amar,
ya eso lo se,
¡pero qué quieres que haga!
si es más fuerte que yo,
al menos,
¡háblame por dios!
ten piedad de mi corazón,
el está sumido
en un mar de incomprensión,
no lo puedes entender
que sólo lo que quiere
es poderte querer,
es sentir
tu cuerpo junto al mío,
gemir,
ese callado sentimiento,
ven socórreme,
aunque sea entre silencio
este calvario tan mío,
quita de mi alma
este frío,
que lacera mi materia,
yo quiero ser
lo que tú quieras que sea,
tu verso, tu rima,
tu consonante,

pero acércate como antes,
quita de mi alma esta soledad,
llévame como ancla que se tira,
pero sabes que me regreso a tu vida.
Sólo quiero que sean tus manos
las que me acaricien
y se que esas nunca me lastiman,
pero necesito volver a escuchar,
esa maravillosa voz
que se me queda como un eco,
y detrás de ella te siento tan cercano,
dame que te necesito,
sea amor, seas amigo, seas hermano,
como quieras venir
yo sólo quiero sentir
que te puedo tocar,
ya sabremos qué somos
cuando te toque mi amor,
sientas deslizar por tu cuerpo mi boca
como quien da la bienvenida
tal vez un poco atrevida,
buscarás entonces
mis ansiosas manos,
¡Que entre la morbosidad, jugarán con tu vida!

Al pequeño gigante

Tengo un niño pequeño
como un gran remolino
su majadería acaba con mi paciencia
su tamaño es como el de un comino,
aunque es grande su inocencia.

¡Me desespera su llanto!
¡Me altera toda su ira!
Sus gritos tan fuertes, son espantosos,
le abro los ojos, para asustarlo y me mira,
pero nada sigue en el deseado reposo.

¡Eres un volcán en erupción!
¡Un huracán en acecho!
Pobre de los juguetes ¡que caigan en sus manos!
¡Hasta protesta dormido en su lecho!
Fajándose en sueños,
"con TATA, su hermano"

¡Vasta mi pequeño gigante, cálmate Michael!
Naveguemos felices por los mares del atlántico
Que los niños simpáticos, son buenos también,
y montemos alegres
en tu lindo barquito de papel.

El dice que es un niño interesante e inteligente,
disciplinado y con las niñas hasta cortes.
cuántos son los calificativos en su mente
¡Pero le quiero tanto!,
aunque su majadería me enfade después.

Los hijos significan tanto en la vida
tranquilos o majaderos por igual queremos,
ellos alivian el dolor de cualquier herida
y como virtud, su educación tenemos.

Alegria

¡Alegría en mi alma!
¡en todo mi existir!
si,
¡estoy alegre y feliz!
¡estoy que río a carcajadas!
porque la vida es muy valiosa,
cuando la perdemos
es que no vale nada.
Sólo el recuerdo en pocos días
disuelto en tus ganas.
Hoy siento mis sueños
que son maravillosos
y en absoluto reposo,
ellos quieren convertir
tus penas,
que se puedan ir,
bien lejos a otra parte,
de mis alegrías no te apartes
yo me siento tan dichosa,
adoro de la vida
sus momentos de placeres
y los disfruto al extremo
con esos yo me lleno,
es forma ilusionada
porque soy tierna enamorada
del canto del ruiseñor,
que al hacerlo,
enamora hasta a una flor.
Amo el árbol que ha crecido
al pequeño tampoco olvido,
yo amo y respiro
de todo lo que me rodea
y aunque no me lo creas
¡canto a la vida!
¡canto al amor!

hasta le canto al dolor,
también le canto al sentir,
no digo que es demasiado
porque no soy exagerada,
¡espanto de mi lado el sufrir!
Porque soy muy feliz,
vivo mil veces ilusionada
de la vida su esplendor
¡yo vivo feliz por el amor!
por el amigo,
que aunque a veces no se lo digo,
sentirlo cerca me hace feliz,
siento la alegría
que me invade
muy dentro del pecho,
por todo lo que me ha dado la vida,
por todo lo que he hecho,
mi satisfacción lo sabe,
ya dentro de mi
¡la alegría no cabe!
¡Por eso lanzo mi alegría al viento !
y quiero que a ti te llegue,
que si tú eres feliz,
no me lo niegues,
ya que ese es mi objetivo,
que seas igual que yo,
¡feliz es que yo te concibo!
Esta alegría
quiero que sea contagiosa,
no la hagamos forzada,
espontánea es más hermosa,
¡ríe a la vida, entonces a carcajadas!

Alejate soledad

Quítame esta nube que me cubre
y me espanta,
me humedece toda, calándome las fibras
que nutren mis ansias.
No la dejes que se acerquen a mi arrabal
déjala afuera
que a otros tampoco lo puedas alcanzar
que camine sola,
que ella puede porque es andariega
¡es hasta aventurera!
y divaga libre
como la tranquila ola,
que no porque está serena,
viene sola.
Aléjate de mi presente,
no me atormentes ahora,
no ves que mi alma está ferviente
y que el calor la devora.
¡Vete sin rumbo!
aprisiona a quien menos dañe,
al monte, al aire,
que son mucho más grande,
y escóndete,
inapreciable soledad
en tu mundo
con esa terrible maldad,
no entorpezcas,
mi ilusión.
¡Mi alma está llena de lluvia fresca!
¡déjame disfrutar de este amor!
y empaparme de él,
¡hasta que amanezca!

Amame

Ámame esta vez,
dejemos correr la imaginación
con el rocío tempranero,
en este día de lluvia y sin sol,
humedad de caricia fresca,
es lo que yo quiero,
mi alma quiere de tu calor
antes que amanezca.
Dejaré la ventana abierta,
para que tu imagen,
entre con la brisa,
te espero aquí en mi sofá
sin prisa,
con olor a jazmín dormido.
Despiértame estoy ansiosa
¡De hacer el amor contigo!
y dejar a un lado el sueño,
miremos afuera,
corre este tiempo rápido
sin dueño,
¡mi amor se desespera!
Tu imagen
es mi sombra de luz,
que penetra con la nostalgia
de la imaginación,
esa que me llega,
recorres todo mi interior,
tus dedos suaves
llenos de sinfonía,
en mi habitar
lo bien que queda,
tu figura dentro de la mía cabe
en un calmado descansar,
yo me suavizo como arena
húmeda de tu playa,
¡deja un rato más tu imagen!
¡por favor, no te me vayas!

Amar pecando.

Volver acariciar la noche del sueño
cuando despierto
y no estás
y miro todo a mi alrededor,
siento los pasos,
siento hasta temor,
porque muy dentro
por momentos se contiene,
ya no se
qué es lo que me detiene
a no llegar a ti,
si pudiera sentarme allí,
donde aquella quietud te llega,
para que me veas
como mi alma se entrega
en su frenesí,
saber que no temes a la relación
que está en mi
y que me deseas,
que me quieres tener cerca,
muy cerca de tu ilusión,
abrirte si es posible el corazón
para ver mi nombre escrito ahí,
y llenarme con su pasión,
tomar en mis manos tu corazón
llevármelo a mi boca,
darle mil caricias
amarlo con ansias locas,
¡ay amor de mi noches!
de tantos instantes,
¡ámame en tu quietud!

como me amaste antes,
entre aquellos días de mayo
donde me pusiste
coronas y azahares,
me amaste, como tal vez
se aman a las diosas,
entre flores
y mariposas,
que volaron entre mi sienes,
los delirios se esfumaron,
y las ansias me contiene.
La corona me hincó
con sus espinas,
pero como diosa que camina
seguí esperando encontrar,
sin poder hallar
el sueño perdido,
porque siento,
que detrás de ti está escondido.
¡Ay amor de mi pasado!
que quedó en el presagio
de un triste pecado,
¡porque no me supiste amar!
¡y yo te tuve que engañar!

Amarte no me duele

Amarte me duele,
me duele tanto
como el no tenerte cerca
y poderte abrazar,
el no poderte llamar
y sentirte ajeno.
¡Ay amor!
¡amor del bueno!
¿por que me haces sufrir?
si yo no te puedo tener
menos te quiero dejar ir,
mira mis ojos
como te desean con locura
de hambre insegura
de poder alimentar mi debilidad
yo no quiero verte ir mas,
quédate junto a mi sombra,
ves que cuando te llamo
mi boca te nombra
no te dice nada mi expresión,
no ves que te miro
con mi corazón,
con esa ansiedad
que llevo tan dentro,
ven amor,
amor del tiempo,
quédate preso dentro de mi,
no me desampares
que solo contigo
yo me siento feliz
mira mi lagrima correr de ansiedad,
pero junto a ti,
es de felicidad.
¡Amarte ya no me duele!

Amiga

Tú que en silencio te escondes
entre las ruinas de un pasado,
te quedas triste
como quien medita
porque necesita,
que ese alguien esté a tu lado.
Yo te siento pesarosa,
te imagino entre la marea alta,
también cuando baja
pero ahí tú, sin hacerte tediosa.
Como verso que deambulas
por las calles desarropado.
Por las calles oscuras,
buscando refugio,
para estar siempre segura,
buscando amparo
¡Pero está a mi lado!
¡Perdona amiga, porque le llevamos del brazo las dos!
¡Es mi vida y mi desvelo!
¡Sensaciones me provoca y me hace sentir como loca!
¡me eriza mi piel y siento suspiros por doquier!
elevándome al cielo.
Es mi palabra precisa,
mi amor secreto,
sublime,
absoluto y sin medida
es mi pasión delirante
¡es mi mejor amante!
¡Ese amor que jamás se redime!
ante nada,
ni ante lo bruto,
Porque se lleva en el alma, como un amuleto.
Perdona amiga,

si en tu vida me meto, pero no sé cómo tú sentirás
¡yo le amo de verdad.!
¿Qué culpa tenemos de amarle las dos?
¡yo no sabía de tu sentir!
No sabía que al cerrar mi puerta,
contigo, la volvía abrir.
Perdóname, como yo te perdono,
¡no le puedo dejar de amar!
¡Es mi delirio!
mi sueño en suspenso,
tal vez mi martirio.
Será mi locura
si le tengo que dejar.
¡este es mi sentir!
¡expuesto al mundo entero!
¡Es la poesía lo que yo más quiero!
¡si la dejo amiga, voy a morir!

Amigo

Este sentir
tan apasionado
que me hace gemir
con quejidos apresurados,
quiero compartir contigo amigo,
este calor que me devora
el alma,
mis sentimientos,
como si fuera una niña que llora
por el juguete deseado,
quiero que tu lo lleves
con toda tu calma
entre los espacios
pero a tu lado,
y el delirio
que encierran tus deseos
y tu pasado,
ahí entre tus sábanas más blancas
estrújalo,
entre el sentir que te aprisiona,
quiero mi amigo,
que lo sepas ahora.
Te confieso bien serena
que eres mi amigo
y también mi pena,
que te infiltraste en mi vida
como una necesidad sublime
que ya no puedo vivir
Indiferente a tu vida
mirándola ajena.
Mi amigo
que con la palabra
te juzgo,
te sentencio,
cuando
sólo me abriste tu corazón
lleno de silencio.

¡No puedo no es elegante !
este amor
que me azota,
que me hace comportarme
¡como una inmadura idiota!
cuando soy una mujer amante.
Perdóname amigo
yo no quería
que esto sucediera,
yo quería que mi alma,
como amigo sólo te sintiera.
¡No es posible me digo como loca!
¡cuando te habla mi palabra!
¡y te desea mi boca!
Perdóname esta injusta manera,
yo quiero quererte como amigo,
¡que más yo quisiera!
mis ojos miran tu cuerpo
a mi manera.
Yo he de llegar a ti
en la noche sin prisa,
¡contaré estrella en mil cielo!
pondré mi necesidad en duelo,
me quedaré sola con la brisa.
Me conformaré,
que mis manos se desplieguen
jugueteando mis anhelos
Llegando a lo profundo
¡con tu nombre en mi boca!
¡y muriéndome de celos!
Satisfaciendo,
¡mis raudales inmundos!

Amor

Déjame abrazarte ilusión y no te me escapes.
Como escapan los suspiros ahogados
por la emoción de no tenerte
amor quiero acariciarte con mis fuerzas
sin hacerte daño
y refugiarme en ti cual amado extraño
quiero guiar tu camino dulcemente
con miel que acaricies mi vergel
con tu fuego divino
¡ay soñadora ilusión!
que a mi pecho sofoca
esta gran confusión
al sentirte como loca,
es que penetras
vienes tocando mi mundo
este pesar profundo
que mi ilusión tiene
déjame atraparte como quiero yo,
encerrarte en un estuche con un cierre seguro
poner si es precisos muros
y dentro de nuestro mundo quedarnos los dos.

.

. . .

Amor brujo

Amor brujo hechízame cuando quieras,
a tu manera, no importa
que me tengas en tus calderas
si son de erupción y a tus antojos
poco importa si me mojo.
Derrama tus siete potencia
las espirituales
sobre mi cuerpo por entero,
dame de tu agua bendita
de las que llevas
dentro de tu manantial certero,
con esas no me enojo
sintiendo menos tu indiferencia
amor brujo dame el elixir,
dame la existencia
de tus sabias manos
y santíguame
con tu amoroso guano el cuerpo
hasta seducir mis penas,
llega a fundir tu conciencia
con mi condena, la de amar,
lléname el cuerpo
con tu yerba buena,
las que me queman,
hazme el despojo mañanero,
con tus maleficios hechiceros
dame en ayuna,
¡tu bendita vacuna contra la santidad!
veras mi cuerpo en un ritual
que te bailará, la danza de fuego
¡ay mi amor brujo!
con tus brujerías enjuaga y bendice
tus aventuras de amor,
¡que también son las mías!

Amor de siempre

Tu,
que acudes a mi
cual peregrino
llegando con el mal tiempo
y penetras en mi vida
sin ningún miramiento,
interrumpes mis días,
mis tardes,
mis noches
y aunque yo no esté convencida,
te dejo entrar
como esa necesidad,
que se siente al quererte amar,
lo cambias todo
y sin poner nada en su lugar,
llegas como ese aire amigo
que te acaricia
y en el silencio más callado
me dices tanto
y yo sin poderte hablar.
¿Quién eres tú?
que llegaste entre esa aurora
del amanecer, poniendo sentido
a este nuevo querer,
¿qué nebulosa te trajo con el mal tiempo?
cuando ahora todo se condena
y hay libertad para amar.
¿Eres aquel ocaso que perdió luz?
en el rojizo de mi tierno fracaso,
¿Eres de dónde dice tu existencia?
¿qué físico guardas?
si el alma la desnudas ante mi,
y das el calor de la tuya.
He preguntado muchas veces . . .
¿quién serás?

Eres la intriga que no puedo ver
con esa esencia absoluta,
posees un cuerpo vivo o muerto
incrustado entre grutas,
¿quien eres en verdad amigo?
Ese de las noches
que logras transitar conmigo tus delirios,
no importa los que sean,
si eres en mi silueta un agente de viaje
y me conviertes en un pasajero
cargador de martirios.
Eres tú la duda que en mi habita,
porque siento a veces
que me ignoras
y otras me necesitas.
Si tú vienes de la nada
porque no me habla tu mirada,
y es sólo la letra
y palabra que me alienta,
¡yo quiero sentirte!
¡tocarte!
¡saber que los dos existimos!
Ábreme tu alma ahí,
donde haya cabida,
deja para siempre afuera encerradas tus mentiras
y dame una respuesta,
¿por qué yo sigo por ti suspirando?
¿por qué estas ansias vivas?
¡No te conozco, no se quién eres!
Sigues alimentando mi vida
¡y yo te sigo amando!

Amor en silencio

Amor en silencio,
déjame en esta santa paz,
de sentirme junto a ti,
aunque no te vea más,
dulcemente me aprisionas
mi sentir,
haciendo que mi corazón
fuertemente vuelva a latir,
¡ay amor en silencio!
que así te disfruto,
te gozo,
y me das hasta gusto,
pero siempre silencioso.
Porque eres tan mío
que donde quiera que voy
te llevo dentro,
no importa si es mucho
lo que siento,
se que te disfruto
porque eres mi único
y verdadero dueño absoluto,
te siento como nutres mi sexo
que ante ti se siente rendido,
¡ay amor en silencio!
este silencio que también yo vivo,
porque nadie lo sabrá,
¡cuánto te amo!
¡y cuánto he sufrido.!
Noches enteras soñando
que estás a mi lado
y cuando miro el espacio
no eres tú y esta ocupado.
Días de lluvia,
que excitan mis deseos
¡de hacer el amor contigo!

y mis deseos
no están dormidos.
Días de soles
y me recuerdan tu piel
que me seduce como abeja a la miel.
Este sentimiento en silencio
es lo más hermoso que se vive,
es suspirar para adentro
como ese alimento, que se te prohíbe,
que lo buscas en demasía,
¡es padecer en agonía!
sufrir bien callado,
este amor atrapado
que te quema el alma,
porque nunca se enfría.
¡Ay sentimiento en silencio!
mi amor de duelo,
no importa
que no lo pueda gritar,
lo que interesa
es que aunque sea en silencio,
¡amor, en silencio, yo te sabré llevar!

Amor tormentoso

Este amor tormentoso porque
la nube gris está desesperada,
ansía de amar aunque esté cargada,
sintió el sonido
de una lágrima derramada,
¡ojala que llueva!
¡sin que nadie sepa nada!
El cielo cerró sus parpados cansados
de tanto tronar
por las nubes al chocar,
siente un aleteo de amenaza
al devenir.
Mi amor se agiganta queriendo,
tanto sentir lloviendo,
¡Ojala que llueva, a cántaro afuera!
Mi interior esta húmedo
y está lloviendo quimeras
con desespero, yo ardo,
¡Que casi me muero!
Me siento sobre la nube
para alentarla
y ella de pasión sube.
Me galanteo los sueños con la realidad,
¡A cántaro, que llueva, ojala!
Un rayo empieza con sus destellos,
ahora fuerte su estallido,
decepcionado quiere irse arrepentido,
era mucho la presión que lo abarcaba.
Debe retirarse,
retirarse a tiempo,
es buena retirada,
¡Ojala que a cantaros llueva!
El cielo ya no es azul,
la nube
embravecida
¡gira que gira!
moviéndose a todos los lados.

Hasta que de repente,
¡Un tornado se ha formado!
Buscando la tierra querida,
esa que ama,
que es su amiga,
cae,
la castiga,
duele,
se padece,
se termina.
¡Hay suspiros de eternos enamorados!
Ese tornado desaparece.
¡Ojala que llueva del cielo nueces!
¡Ojala mis sueños ya puedan besar la mañana!
Abrazar su embeleso,
pero yo sé que el tornado,
triste desapareció
con las ansias reprimidas,
el sabe que abajo hay vida,
en su despedida solo quiere,
¡Robarle a la tierra un tierno beso!.

Amor tu no me llenas

Apoyada
en el respaldar de una ilusión,
presentí algo que me amparaba,
recordé tus brazos,
¡Cuántas veces me abrazaban!
cuantas otras
¡yo te abracé!
yo temblaba de amor
sediento,
con mis apaciguadas ganas,
siempre me quedaba,
esperando tu tierno abrazo,
tú siempre me dejaste a oscuras
y con más ganas.
Caminé por las calles
del silencio y llevaba en mis poros,
sensaciones de tu cuerpo,
¡Qué cruel qué injusto!
Ahí no estaba todo,
te dabas tus gustos,
yo, con sensaciones de desierto,
tu, divisabas poco mis adentros.
¡Que ironías!
yo cual torrente sediento,
y en tu pensar,
¡qué bien lo hacías!
Me exigías que te amara,
escuchando en tono triste,
¡No es nada!
¡Esto pasará mañana!
Amor, tú no me llenas,
He llegado a esa cruel determinación,
no todo es caricias
en la cama,
¡hay que tener amor e ilusión!

Amor tú no me llenas
el espacio de mi vida,
no me calmas con tus besos,
menos cuando tenemos sexo.
Estoy convencida
tú no me llenas,
¡Mi deseo arde cómo fuente de vida!
¡Y tu antorcha, ya no quema!

Amor viajero

Mi amor viajero, ese de diferentes lugares
que con sus ansias espero,
que me lleve y me muestre sus andares
me enseñe su raíz de trotamundo
¡ay mi amor viajero!
que lejos de aquí, se encierra en su mundo
Yo lo quiero compartir,
hacerlo parte de mi
sentir más profundo.
Mi amor viajero porque lo llevo
a todas partes,
voy dentro de su andar
eso es lo que espero,
aunque recorramos
abrazados a este mundo.
Me tiene en la caricia fresca
que te susurra al alma,
en la ternura que te besa,
en el sofocado calor
que a tus ojos empañan,
siénteme más, cada vez que te agites
no importa
si entre deseos me grites,
que tengas deseos de amar
pegada a tu persona me debes hallar
convertido en tu aroma.
Ahí en silencio y de paso me escucharas
en tu meditar
diciéndote bien quedo, cerca de tus espantados miedos
y muy bajo al oído,
¡amor viajero!
¡tu eres mi consentido!
porque me muero de ganas
¡por estar siempre contigo!

Anclado a mi vida

No te sientas culpable,
de nada de lo que ocurre afuera,
no hay prisa amor,
sólo que yo quiero amarte,
aunque a veces
la distancia y el tiempo nos duela,
mira amor
cuantos sueños he tenido contigo,
todos los disfruto,
todos los he vivido,
hasta el más difícil lo he concebido
que es besar tu boca
como un manjar divino,
tornándose jugosa
al contacto de lo prohibido.
¡Ay amor, mira afuera!
cuánta lluvia cae y con qué fuerza
por qué no me besas
cuantas veces quieras.
¡Ven toca mis senos,!
verás de qué pasión están llenos,
ponle tu boca
verás cuánto le provocas,
sigues bajando
y verás que estás llegando.
Ahí donde las penas se olvidan
y tienes separada tu vida,
tócame más.
Bucea en lo inmenso de mis mares,
donde navegarás en lo profundo,
anclando tu nave,
amor déjala ahí como clave,
quedando en alta nota sostenida,
no importa que la lluvia afuera acabe,
¡Ámame todas las veces que quieras!
¡Cuando tú puedas!
¡haz lo que quieras con mi vida!

Angel de prisa

Tu fuiste mi ángel
mi ángel de prisa,
aquel que llegó húmedo,
cansado
triste,
cabizbajo
y algo mojado,
por la salpicada
de la tierna brisa.
Te detuviste ante mi vida,
me dijiste que eras mi ángel,
lo que no me especificaste
que venías de huída.
Te escapaste del cielo
y en paracaídas descendías,
yo te sostuve con mis manos
con el corazón te sostenía,
te cuidaba,
para que no tocaras el suelo,
sin saber,
que el mismo cielo
a ti te reclamaba,
¡ay mi ángel de prisa!
tuviste que regresar,
sin dejarme ni un consuelo
de volverte amar.

Yo te busco desde entonces,
esperando de nuevo tu huida,
para ver si esta vez,
tengo más suerte en mi vida,
sólo déjame tocarte,
saber que no fue un sueño,
que no estuve dormida,
que exististe en mi,
como dueño
y en mi corazón
le dejaste una leve herida.
Yo siempre te espero
mi ángel de prisa,
aquí en mi ropero,
¡cuelga olvidada tu camisa!

Angel de seda

Ángel de seda
que a veces te pienso,
a veces te miro,
siento que te me escondes
igual que ese suspiro,
que no quieres dejar escapar,
por temor a empezar a llorar,
que tú sabes que a veces
traviesos, brotan con toda razón
porque recorren tu vida,
parecida a la mía
y hayas comparación,
te quedas en ese silencio
tan quedo,
sin tener tampoco, una explicación.
A veces te miro con tu carita infantil,
se que hay sueños cerrados
que no quieres abrir
por temor a romperlos
y no volverlos a sentir.
¡Ay de tus ilusiones!
esas que revolotean
entre esperanzas y amores,
yo se de tus secretos traidores
que te saludaron un día,
y tú, con quimeras
esperando alegrías.
Se de tus esperanzas y desvelos
los que sabemos compartir,
que aunque nuestros destinos
no hayan sido tan iguales,
también sabemos
que los sueños son irreales,
por mucho que lo podamos percibir.

Yo toco tus sueños
que del alma vuelan,
se posan en mi vivir
y ambas abrazadas
los sentimos,
ese mismo aire,
¡que a veces tanto lo anhela!
A veces te siento ave,
mariposa,
buscando el ruiseñor,
volando de rama en rama,
te posas en mi
buscando más amor,
a veces te miro y siento
que eres la niña que quise tener,
miro al cielo y allí entre nubes,
¡se que te puedo ver!
mi ángel de seda
con pelo lacio o rizado
¡entre musa de ensueños!
¡siempre tú, a mi lado te quedas!

Aprendí y añoré

De ti lo aprendí todo y si que lo añoré,
porque conocí por dentro tu alma
y de ti yo me enamoré, de tu silencio
y cuando caminaba junto a tu lado
Hablándote de mi pasado
se que te lloré con desconsuelo
al poner el amor de duelo
porque tu me amas
como yo a ti,
te amo tierna,
te amo lejana,
te amo inagotable,
enigmática,
así como eres incansable
de misteriosa te amo,
tan incalculable,
se que para mi eres
tan cadenciosa
que te veo pasar
me pones hasta celosa,
pero tengo que esperar
porque solo quiero disfrutarte,
que me eleves al cielo,
que me llenes de tu placer radiante
que me des todos los días vida,
para no sentir que muero
entre tus brazos, eterna noche,
¡sentirte como amante!

Aquel vals

¡contigo mi amor!
Contigo soñar aquel hermoso vals
que contigo compartí,
inquieta al bailar así,
tu mano en mi cintura
se quería deslizar
por toda mi figura
sin poderlo evitar
volví volvía flotar,
tu cuerpo elegante
dispuesto y viril
sentí un romance
que quiero de nuevo sentir
yo entre tus brazos
giraba sostenida
una sonrisa atrevida
rozo tierna la boca
de tu cuerpo prendida
beso mi boca tu boca
¡el vals aquel!
dejó
tiernos recuerdos en mi pecho,
la música terminó,
de pronto el jadeante
lo veo en mi lecho,
contrariado deshecho
eras de otra,
¡pero fuiste mi amante!

Arena blanca

Blanca arena
el de tus labios al besar,
pálidos,
temblorosos,
tullidos de frío
quemando los míos
entre quejidos al amar.
Tus blancas arenas
corridas entre el ventanal
que encierra mi guarida,
afuera está
la quietud dormida,
queriendo en lo oscuro
y profundo de tu alma
penetrar.
Arena movible
en tus instintos sexuales,
se tornan como rocas
y no todas son iguales,
se hace invencible
entre batallares,
te me rindes vencido
queriendo llenar,
como raudales en mi boca,
con tu arena blanca como mar,
todo mi cuerpo lo puedes inundar,
recreando sensaciones,
como la vía láctea
que purifica al engendrar.
Arena blanca
que mi cuerpo lo embellece
entre un manojo de versos
que quiero también besar.

Porque tu amor me enternece
aunque a veces me haga llorar,
otras
me emocionan,
que me hacen contorsionar
mis más hermosos suspiros,
arena blanca que sigo
hasta el infinito de su entregar,
dentro de mi interior
¡yo quiero tu arena blanca cultivar!

Aroma

Llegas tulipán sombrío
queriendo busca luz de aurora,
para acariciar la noche del sueño,
donde despiertas mis mañanas
con tu sonido y aromas.
Elevas al aire tu mejores suspiros,
alientos renovadores, perfumados y finos galanteos
que estaban resentidos,
te los despierto con mis desvelos
aventureros de amores soñados,
que están como muertos,
los reviviré para que suban
fronteras,
de vientos huracanados,
de las pasiones que despiertan la espera,
los despertaré,
cuando sientas que duermes
junto al jardín de flores mañaneras,
te regaré con mis tiernas caricias de gardenia florida,
y pondré mi mejor pétalo,
en el libro de tu vida.
Guárdalo en tu mejor lugar,
el más secreto,
ese que de guardarlo tanto,
una ilusión se aviva.
Guárdalo donde no se deteriore
y que sólo sean tus ojos los que lo adoren.
Vuelven mis suspiros renovando tu trinar,
¡corre llévale tus ansias, para que no puedan escapar!
llévalos donde está tu calma,
que inquieta hace girar, como molino de viento,
déjalo junto a tus pensamientos,
nos los dejes al aire libre,
ellos necesitan el calor de tu alma,
que te dice por lo que ella, siento.

Llegas tulipán bravío
como buscando puerto,
miro el horizonte, me sonrío
sabe que el mío está desierto,
que siente tu perfume y aroma y
tu cálido aire despierto.
Yo respiro mis sueños que transitan
buscadores de vida,
Soñadores de esperanzas.
Entre aromas de café, de molienda,
saturando ilusiones con tiernas añoranzas.
Ven, sentémonos bajo este temporal,
hablemos de sueños,
hablemos del mañana,
esos que caminan por sendas, veredas
que tocan tus anhelos a edad temprana,
ese que llevamos tallados
con la frescura de un soñar.
¡Con ese aroma fresco que llega!
¡Ven Tulipán, con mi aroma de gardenia!
¡crecerás como quieras!

Atrapada

Atrapada en el misterio de tu silencio,
de la lluvia
que te baña y que moja tu cuerpo
sintiéndose tu dueña,
y lo acaricia hasta que tú te sonrojas,
te atrapa como la noche
que te arropa entre oscuro meditar.
Yo estoy atrapada en tu piel
queriendo con mi voz
poderte hablar.
¡Estoy atrapada en lo profundo de tus arterias!
¡yo no quiero salir!
¡lo que añoro es que me toques!
¡que me hagas sentir viva mi materia!
¡no me dejes más sin respirar!
destapas tus quejidos
que están atrapados dentro de tu alma,
¡queriéndome amar.!
no me atrapes con tanta fuerza
que me puedes lastimar,
¡no ves que el aire me falta!
de tanta ausencia, por tanto esperar.
Atrapada entre tu mar,
entre su espuma,
entre la imagen del sol reflejada en la luna,
atrapada en tus pensamientos,
en tus historias en tus bellos lamentos,
entre tu amor,
entre los sentimientos,
atrapada entre tus versos y profecía.

¡Atrapada entre tu vida, alimentando la mía!
¡Déjame en tu cuerpo sentirme fundida!
que sólo hayan suspiros que lo divida.
¡amor ya de mi vida te apoderaste!
de todo lo que me satisface,
de mis locuras y delirios,
sigamos atrapados en este hermoso pasaje
que no sabemos si mañana habrá regreso.
¡lléname el alma de besos!
¡Déjame atrapada!
¡como tatuaje impreso!

Atrévete

¡Atrévete!
a quitarte esa hipocresía
que te envuelve el alma,
noche a noche,
día a día,
cuando se que tú me deseas
y me amas con toda tu calma.
¡Fáltame el respeto!
que lo necesito,
para perdernos hasta el infinito.
Corramos en alas del soñar,
ese que nos lleva sólo amar.
¡Atrévete!
a decir que no me necesitas,
aunque tus ojos
cuando me miran,
se excitan
al más simple deseo de besar.
¡Atrévete amor mío!
a cruzar el laberinto conmigo,
verás que con mi calor,
yo te serviré de abrigo.
Elevaré tus grandezas
para hacerlas
que ante mi perezcan,
¡atrévete por dios!
¡y acabas de tocar mi piel !
verás que los dos rendidos
de pasión,
¡volvemos a caer!
¡pero atrévete!
y no demores más,
¡No ves que mi alma se ahoga!
¡entre este mar de soledad!

Atrevida

Jamás he dicho que soy poeta
yo solo escribo todo lo que siento
que hablo y expreso pero no miento
no me gusta jugarle a nadie una treta.
Yo soy simple, así como cualquiera
ama sintiendo a la vida
ha nadie le pido ser consentida
porque me gusta lograr lo imposible.
déjame entre surcos que se cultivan,
que me gusta de la vida su razón
que es la que me inspira,
así seré mientras viva,
yo no soy poetisa,
soy atrevida,
escribo,
escribo,
sin pensarlo mucho,
si te gusta bien,
no lo hago por invento,
escribo, digo lo que siento
para que te llegue a ti,
me gusta que disfrutes
todo lo que digo
que sepas siempre,
quiero ser tu amiga,
escribir lo percibo
a veces hasta dormida,
¡no ves que soy atrevida!
esa es mi mayor travesía,
te lo escribo día a día,
me considero transparente
con mis defectos habituales,
quiero ser siempre sincera
y es mi excusa verdadera
ser siempre tu amiga
que te dice a través del verso
y de la estrofa todo lo que quiera.

Pero no me juzgues mal
soy así como cualquiera,
que desea escribir en la blanca hoja
la única que sabe esperar
y aceptas que tú le digas
y le digas sin protestar,
la única que de verdad sabe amar.
Déjame entre líneas desoladas
que entre renglones nunca a mi persona
me dirá nada que me pueda lastimar,
porque entre el espacios de la vida
¡sólo me puede alimentar!

Aun no es mañana

Hoy eres mi ilusión,
nadie sabe mañana que serás,
ni con quién andarás.
Te uno al párrafo callado
que brota de mi interior
impotente y ahogado,
tal vez entre penas
que a veces
uno mismo
se condena.
No comulgo,
¡no puedo tragar!
porque se me cierra la garganta,
¡de tanto suspirar!
En cada hálito de suspiro,
me desencanto
del mundo que miro,
sin aliento,
y se asoma
un huracán de lirios blancos,
que por haber perdido
la fragancia,
las esperanzas
me succionan.
Siento la necesidad de hallarte,
para tenerte,
poder amar
entre mi silencio de espera,
poder algún día
ver mi pasión que se engalana,
y toda el alma besarte,
¡no te me escapes ilusión!
¡que aun falta mucho para el mañana!

Aunque no te veo

Escuchando el tictac del reloj,
entre el sonido de un mal tiempo,
mi pensamiento algo atrevido,
como queriendo
entre mis brazos
sentirte casi dormido
y sin darme cuenta
a tu alcoba penetré,
y sentí muy dentro de mi.
mis conclusiones saqué.
¿Que si he sentido mucho?
¿poco o nada tal vez?!
¿A quién le puede importar?
si son mías las pasiones
que he sabido entregar.
¿Que he amado poco,?
o mucho,
no se aquilatar,
porque cuando uno siente,
todo se puede olvidar.
Es que la sensación te ciega
y entre su fuego de amor,
te dejas quemar,
hace remover ruinas
entre el ansiado querer,
entonces no puedes ver
si está lloviendo afuera,
sólo sientes rocío de besos,
caídas de escarchas a granel,
torrentes de sensaciones
todas nuevas,
que tampoco las puedes ver.
Siente tu cuerpo placentero
que por entero se entrega,
eso si lo puedo decir,
porque eso no lo veo,
eso lo puedo con todo este amor
¡en silencio y ciego, sentir!

Ay amor

Amor que sólo puedes
con tu cuerpo sobre el mío,
deleitar como quieres
para quitar mis escalofríos.
Amor que penetra cauteloso
en silencio y agazapado,
no me mires tan celoso
apriétame fuerte a tu lado.
Amor que si llegas tarde
mis ansias se me dislocan,
mi cuerpo por el tuyo arde,
hasta sentir,
¡que me vuelves loca!
¡ay amor de todos mis tiempos!
de mis momentos pasionales
¿Por qué te llevo tan dentro?
y mis deseos son siempre carnales.
¡ay que culpa tengo yo!
de sentirme apasionada
¡no me critiquen por Dios!
del amor estoy presa y encarcelada.
A veces también he pensado,
con deseos dentro de mí
que cuando parta de aquí,
al sepulturero,
lo bajaré a mi lado.
No te asustes de mis ironías,
el que me toque,
¡pobre de él!

son escaramuzas mías,
el que las sienta,
me podrá entender.
Y el que me vaya a vestir
que no asegure mis broches,
ese seguro
que va a sentir
lo que es amor en derroche.
Aun al fallecer
bajaré mi escote
para seducir,
hasta ahí podrás sentir
que no te he dejado de querer.
Y si el cajón está muy duro,
cariño,
acomódalo mejor
para hacerlo sin apuros.
¡ay amor que locura es el placer!
que aun estando viva,
pienso que después de muerta,
¡el sexo contigo!
¡lo quiero tener.!

¡Ay luna!

Luna, cuánto siente mi alma.
Dile que vuelva,
trayéndome la calma.
Dile que venga pronto,
aunque sea a escondidas,
dile que yo no lo olvido
desde aquel día
en que fue tan mío.
Y con su bondad llenó mi alma,
dile que todo es mentira,
que todo fue incierto.
Aclárale que de mi vida
nunca el se ha ido,
y que sus brazos en mi cuerpo
impregnó con acierto.
Que por las noches,
en un silencio le llamo,.
dile que mi dolor no tiene cura,
porque de penas muero.
Le puedo contar una a una,
si quieres le puedes contar más
¿Qué cómo hace para estar con ella?
Si mi amor suena en un triste compás
cuando sin el cuento las estrellas . . .
Yo no sé Luna, por qué se marchó
sin dejarme esperanzas alguna,
Tanto como lo amaba yo.
Pregúntale también si puedes,
¿Cómo olvidó todos mis besos?
Si juntos vimos los primeros amaneceres
Y ese beso primero, que queda tan preso.
¡Ay Luna, mejor no le preguntes nada!
Vivamos las dos este silencio esplendoro,
no responderá nada, porque es orgulloso.
de él ya no puedo esperar nada,
¡ mejor bríndame tu luz, a mi alma enamorada.!

¡Ay mulato!

¡Ay amor mulato! ¡que quemas!
como la llama flamante,
esa que hasta arde porque subleva
se expande,
regresa, no se apaga, luego me embeleza
y nos hacemos los dos gigantes,
¡Amor mulato! que me besas y me llenas
soy eslabón que presa gozo tu fuerte cadena.
Sola en esta tibia noche que atesora
la llegada del invierno ya no demora,
y te sigo esperando
para hacer del amor un trato, cuando llegues mulato,
me fluyen las ganas como manantiales
y es cuando mi pasión implora
de tus Labios carnosos y sensuales,
una entrega total que deplora
a mi ardiente rosa roja como raudales
me adormeces con tu fuego
haces tu confesión plena de amor
de pasión y de locura
revolucionando mi cintura
¡mulato que me encantas!
Cuando entregas tu bravura
y te me prendes del cuello
con el rose y la ternura
me hablas al oído me mimas
y no me sueltas
hasta que me haces tuya
¡ay mulato!

Ayúdame

Hoy necesito,
¡ayúdame a levantar!
estoy tendida en el suelo,
siento que no puedo escribir,
mi alma,
hoy se me ha puesto de duelo,
la poesía camina vencida,
¡se me ha vuelto a morir!
la siento fallecida,
así la encontré anoche,
yo sin fuerzas
sólo pude hacerles reproches.
¿por qué me abandonas como él?
No miras que te necesito
como el aire que succiono,
no ves que mi alma
lo puso en un trono
y vencida me dejó.
Tu, musa querida,
subiste los escalones
llevando de la mano mi ansiedad,
envuelta entre mis pasiones.
Ven no me hagas
lo que hizo él,
no me abandones más.
Si quieres,
llévame
por tus grandes alamedas,
entre tus álamos verdes,
donde los tonos tristes
entre tu alegría los pierdes,
donde el rojo se confunde
con la pasión,
por tí surge la ilusión
que mi espíritu prende.

Levántame
entre la música,
la más exquisita
que me lleve hasta danzar
y amanecer entre tus brazos,
paso a paso
mi cuerpo te necesita
para que me vuelvas amar,
¡ayúdame a levantar!

Bifurcaciones

Tu cielo rojo escarlata,
toca el azul del mío
con sus lindas serenatas,
lo llenas de pasión
y le quitas el frío.
Moldeando con tus manos
su figura,
y en un contexto
hay gran hermosura,
para darle a su diosa
toda su blancura,
que la Venus zonda
de sus melodías
para llenar las alturas.
Con espumas de palomas
que en su pico llevan
la alegre sinfonía,
esas que por tu semblante asoma.
Yo te buscaré en las sierras,
entre colinas impetuosas.
En la noche callada
saludaremos tu diosa
¡Bendita tu diosa amada!
Entre el manojo,
de tus fantasías
y de tus piedras preciosas
que con tu silencio de niño
uniremos bifurcaciones
con nuestro gran cariño,
siendo menos tediosa
las que con el tiempo pasan,
cuando tu cielo es el mismo mío.
Sólo una,
¡Será la que abraza!
¡Amor nuestras pasiones!

Boumerang

Mi mano dice ¡adios!
Mi alma siento que te abraza,
¿Qué es lo que me pasa?
¡Por dios!
¡Ya no puedo más!
Este dolor se me acelera,
No te puedo ver
como quisiera.
¡Este amor divino!
que como cáliz ordenado ante el me inclino,
le llevo a mi boca lo saboreo,
lo tomo, te apoderas de mis ansias,
en una bendita ostia tú me revocas,
tienes mi corazón atrapado,
¡Volviéndome como loca!
Besar quiero tus sentidos,
para ver si te olvido.
¡Si, te tengo que olvidar!
Pero no te das cuenta,
¡que contigo aprendí lo que es llorar!
no lo sabia, y duele tanto
tanto, que por tu olvido
mi herida no podrá sanar
¡si, te tengo que dejar!
¡cobarde ésta, mi suerte ¡
¡este dolor de quererte!
¡tengo que aprender a olvidar!
yo sé que mi vida
de tus astros ya no se iluminan,
que aquel rayo de luz
que me llenó, casi me fulmina,
y del cual me alimentaba yo.
Ya no tendré más lucidez
porque en la otra esfera
alguien me lo atrapó.
Ese no es el que mi amor espera.

Mi cielo no es más azul.
Se tiñó de gris solar
caerán fuertes lluvias,
un torrencial,
para alimentar otra vegetación,
Tal vez secos cañaverales,
donde la pobreza necesita agua a raudales.
Dale, quédate allí, cuéntale tus historias astrales,
verás que todas no son iguales,
no te preocupes por el colibrí.
Mi amor, mi ilusión
con mis ansias
las siento aquí,
sé que volverán,
pero no olvides nunca mi amigo, que a ti mucho te he querido
¡Que la vida es un gran boomerang!
Todo regresa al punto de partida,
Yo estaré esperándote,
donde dejaste inconcluso, un pasaje de tu andar,
¡tendrás que regresar!
¡Yo tendré más apetito de amar!
¡Tú llenarás de nuevo mi vida!

Brillas

La luz
no brilla por un nombre,
brilla por su propia luz,
el sol no quema por ser sol,
quema por su naturaleza,
el hombre ama,
ríe, goza y besa,
no por ser hombre,
si no porque le interesa,
y desea amar.
El interés como la fe,
mueve montañas,
mi amigo querido
ahora no se,
¿por qué?
te he dicho todo esto
y no se quién fue.
Sólo que me inspiró tu poema
y me salió del alma,
decirte cuanto sentí.
Yo quiero entenderte a ti,
pero no puedo
dejarte confundido,
mi amigo grande,
para mi,
el más querido,
del grupo de poetas,
donde noche a noche
nos comunicamos,
nos leemos
con gran sentimiento
y nos sentimos,
queriendo
llegar a la meta.
Ahora te preguntas:
¿Soy un hombre?
Hombre es quien quiera,
que lleve pantalones
con guayabera,
pero no todos
tienen condiciones
que llegan de la misma manera.

Tu nombre,
tu luz,
tu sol,
tu reflejo,
tu naturaleza,
todo tú eres un compendio
de sensaciones amorosas,
que me hacen girar
como astro,
entre todas tus cosas,
tu nombre
gira como el sol,
dándome tu tierno calor
el más solar,
¡hombre ven!
que con mis fuerzas
yo te quiero besar,
te quiero tener,
para comprobar
dónde está tu fortaleza.
Te quiero entre tantas pasiones,
te quiero con mi entereza
enseñar los misterios
que se cubren en la noche,
llenos de emociones,
llenos de tristezas,
llenos de confusiones.
Con tus sentimientos
de caballero
yo desde lejos te quiero.
Dame lo tierno de tu mirada
lléname de tu luz,
yo apasionada
apasionado tú,
refugiados en el silencio de la noche
¡verás que no te hago reproches!
¡quedaré con tu gesto varonil enamorada!

A José Martí

Mucho hay que hablar de tí
pero cuidado al decir
y mencionar tu nombre,
no basta con sólo ser hombre.
Hay que saber del amor extendido
como ola creciente,
no como una hoja al viento
saber expresar con amor,
con el corazón encendido
y ansias de libertad muy dentro.
¡Pero cuidado!
cuando hables de decoro
unido a la valentía,
en el alma de la poesía
con una fuerza literal
cuidado al hablar
del hombre.
de La Edad de Oro.
No hables por hablar
hay hechos con fortaleza
Para eso se necesita la nobleza
con que se lleva un ideal,
el hombre de pensamientos claros
sencillos y profundo,
de aquel que todo supo dar
por la igualdad en el mundo.

Bulerías

Tu sentir
entre bulerías,
¡lo hago vivir!
por las noches, las hago mías.
Entre coplas y tormentos
este cantar
es mi lamento,
porque tú me tocas
y me fascina,
me desordenas amor,
mis fuerzas
me desencadenas
y mis alegrías
se confunden con mis penas.
¡Mi pena y tu bulerías!
se agotan, se sofocan
se vuelven locas,
¡cómo gozarían!
¡Penitas de mis amores!
de esos que son traidores,
funde esta pena que no quiero
entre otro que te adore,
¡corre pena inquieta!
¡lánzate detrás de él!
une tus pensamientos
entre sus andares,
¡pero no le lastimes a él!
¡Ay penita y bulerías!
¿con quién a esta hora
él andaría?
Tu sentir entre bulerías,
en todo momento yo quiero
sentirte bien dentro
Como tacón en tablero
¡quién me lo impediría!

únete a él para que sienta
lo que sufro yo,
así sabrá,
cuánto dolor me dejó,
¡ay penas y bulerías!
¿quién a ti te lo diría?
¡Corre pena traviesa!
doliente, inmadura,
detrás de su piel,
Fúndete en sus pensamientos
para que me digas
¿ por qué ?
¡entre sus bulerías,!
¡no me llevó con él !

Búscame

Amor búscame en el silencio
de la más oscura noche
en la palabra amiga sin un reproche,
en el infinito soñar
donde el sueño culmina.
Búscame en la pasión del caminante
ese que llega y su anhelo se ilumina
búscame en la infancia con sus primeras caídas
y en la rapidez con que se levanta,
en la sonrisa que en su aprendizaje florece.
En la duda certera genuina de un amor lejano
que por mucho que espera
también la distancia crece
búscame en las penas
convertidas en alegrías
donde renace mi amor
como un nuevo día
en la gota que prevalece inquieta,
en el mojado pétalo
búscame donde las fuerzas se agotan
vencidas por el sentimiento entregado.
En el regalo preferido,
que no puedes compartir
en el sonido de la transparente risa
en el trinar del bello sinsonte mañanero
porque libre,
ama lo que está preso,
cantando su mejor melodía
a su amada, para después darle un beso.
En la belleza tierna de una mirada enamorada
¡en el suspiro apasionado del primer beso!

Busco refugio

Quiero que abraces mi alma
entre tu más tierno placer,
de protección,
esos que nos alimenta
el querer
con la inmensa razón.,
de regocijos y calma.
Te escondes en mi refugio
con tentación,
porque con mi naturaleza
te quieres llenar
y sientes,
que es ahí donde te quieres hallar.
Porque lo necesitas,
que a veces hasta gritas
sin contemplación,
es donde más poder
tiene la sensación.
Sentir estar escondida
entre la soledad,
en tu mar de piedad,
eres la dama de compañía,
eres penas y alegrías,
eres la reina entre la soledad
de tu privacidad.
Ven debajo de mi sombrilla,
aunque tenga todo tu cuerpo
roto en mil pedazos,
pero el corazón
se siente atrapado,
por el regazo
que te abriga,
que te cuida
ahí está mi querida privacidad,

no es bajo un techo de paja,
que tal vez
con el más simple viento se raja.
Te ofrezco mi techo de guano,
el más rudimentario,
pero genuino,
donde mi fuego latino,
se engrandece a diario
y me siento protegida
por la privacidad de tu mano.
Ese sentido de refugio que nos cohíbe
del mal tiempo,
que siempre lo sentimos
muy adentro.
Ante un cuerpo redimimos
nuestro tierno sentir,
es ese volver a vivir
con certera protección,
que amas si,
que sientes,
que vives,
que el ansia te traspasa,
sintiendo ese fuego que te arrasa
las fuerzas sin piedad,
y entonces
te rindes sin contemplación,
¡Vencida no puedes más, que amar la privacidad!
¡de ese amor tan grande que guardas en tu corazón!

Cambiando

Le voy a poner
un cambio transparente
a mi vida,
para ver lo que tú sientes,
mi rostro me lo cambiaré,
aplicando una cirugía,
total, esta es la vida mía,
hago con ella lo que quiera.
A mi nombre le pondré,
nuevos sustantivos
que te lleven al olvido,
le pondré letras diferentes,
que me lleven a lo extraño
de mi esencia,
para perderme entre fantasías
que yo viví contigo,
pero hoy las veo
tan reales,
porque no te concibo,
voy a ponerte en un rincón,
pero no el criollo,
es uno sin ilusión,
es ese donde sueles tirar
las cosas que menos
te pueden importar.
Vestiré mis pasiones
con harapos viejos
que no me recuerden
lo difícil del soñar,
traeré sin esperanzas
un cargamento de recuerdos
que me harán olvidar
porque son tantos los instantes
que me llenaste de motivaciones,

que aunque hayan cambios
y transformaciones
y hasta me confundas con otra,
quieras o no
me tendrás que recordar.
¡Ah!
se me olvidaba,
que no es el rostro el que he
de ponerme nuevo,
es mi alma,
¡la que tanto te amó!
la que debo de cambiar,
porque vaya donde vaya
¡siempre dentro de ella, te voy a llevar!

Cambio

Es cierto que con el tiempo
las personas cambian,
cambia todo
en sentido general,
pero lo que si estoy segura
que mi amor por ti
no puede cambiar,
porque tú me enseñaste
cómo se podía amar siempre
y llevar el alma ilusionada,
me enseñaste del amor
cuál es la fuente
para tener siempre
la esperanza entrelazada,
al corazón
que ese te da fuerza
y la medida para amar
con la pasión que se necesita,
por eso no puedo cambiar,
si algún día me ves
que no soy igual,
debes indagar primero amor,
porque segura
que mi corazón
lo tuvieron que transplantar.
Esa seria mi gran razón,
pero si me hablas como tú sabes
y me mimas con esa dulzura
que sólo tú puedes,
mi corazón te vuelve a querer
¡volveríamos a empezar!

Carne sabor a son

Carne prieta de negra
negro color y ron
carne y caña de azúcar,
carne y palma de Cuba,
¡carne sabor a son!
Negro color y ron
¡rico sabor que zumba!
¡negra sabor a son!
¡negra sabor a rumba.!
Carne y caña de azúcar
dulce sabor a miel
sabores que se agrupan
llenando mi vergel.
Carne y palma de Cuba
al ritmo que estremece
movimientos, caderas,
¡aire de son que te mese.!
Carne sabor a son
¡sabor, cuerpo, sandunga!.
¡ritmo que ritmo!
¡baila que baila!
¡rumba que rumba!
Carne prieta de negra
negro color y ron
Carne y caña de azúcar
¡carne y palma de Cuba!
¡carne con sabor a son!

Casablanca

!Vendes, que vendes!
de todo en tu canasto llevas,
surcos, semillas, raíces que enredan,
con el pensar que tu mirada prende.
Hermosa vendedora
también sueños vendes
que el mercado no valora.
Tú vendes con empeño
hasta la risa que fascina
Vendes con tus ojos
la luz que ilumina.
Mi princesa ilusa
con frutas de pasión frisada,
Vendes, que vendes,
nadie te atiende,
ni te compran razones sobradas.
No todos aprenden
que la vida sin ventas
no es nada.

¡Vendes que vendes!
Y tu nombre, es "casa blanca",
¡que ironía !
¡no puedes vender tu dolor!
¡el que cubre al mundo con terror!
Y ya nadie,
de miedo se espanta.
¡Vendes, que vendes!
en los grandes comerciales
están los presidentes desiguales,
¡son inclementes,!
Ahí menos te atienden,
porque entre ellos son rivales.
¡vendes que vendes!
con tanto clamor
todos los angustiados días
Si encuentras quien compre amor,
yo se lo brindaré,
para repartir a la vida tan vacía.
¡que ironía!

Como aprender

Mis labios ante la soledad palidecen
ya no me pintaré una sonrisa
nueva para hacerte reír,
ya no volveré a dibujar
un nuevo amanecer
entre mi cuerpo,
no volveré a sentir
que la brisa
quiere compartir
mi habitar,
le abriré las ventanas
para que se pueda marchar.
Tú me haz enseñado de la vida
su imposible conquistar,
he aprendido contigo
que no se puede
volver loco
al no poder amar.
Todo en su momento
debe llegar.
He aprendido
que si un mar de lágrimas
te ahoga hoy,
mañana,
debo aprender
entre ellas a nadar.
He aprendido analizando,
que amar
se aprende amando,
pero al querer olvidar todo,
no se
¿cómo aprender?
para encontrar ese modo.
Y te pregunto,
¿Cómo le hago?
¡si siempre te vuelvo a querer!

Como eco dormido

¿Por qué no te preguntas en qué he fallado?
¿cuáles fueron mis faltas?
hallarás alguna cifra exacta,
para qué puedas preguntarme de mi pasado.
¿Por qué no te haces
un examen de conciencia?
que te llene el alma de amor,
que te haga sentir sin dolor
ante lo que yo escribo.
¿qué inventas de mi poesía?
¡yo la vivo!
a nadie le pido cuentas.
Debemos hacer reflexión,
en la vida,
antes de hablar por hablar
a veces es mejor callar,
antes de dañar una ilusión.
¡las mías no están perdidas!
mucho menos contrariadas,
mira mejor no te digo nada,
sólo te voy a decir,
que yo no tendré preparación
tampoco he leído nada,
pero por esa razón
no me siento menos que nada.
No he escrito libro,
como lo haz hecho tú,
y te felicito, ahí está tu gran virtud.
Mi poesía es muy sencilla y natural,
de pueblo, de amigo,
de ese verso que sale de adentro
como una exigencia al decir,
yo no te quiero mentir,
en vez de criticármela debes analizar
con ella quiero siempre hacer llegar,
mi más tierno sentir.
Conozco de valores humanos
dentro de la escala de poetas,
por eso querido hermano

en mi vida no te metas.
Doy lo que puedo dar,
mi ego, está donde debe estar,
no te preocupes, que lo se entrenar.
No te conozco nada y a la nada debes volver,
porque si te vuelvo a ver,
serás lo mismo que antes fuiste,
la nada que revolviste
y yo sin decir nada.
Eres eco sin sonido, desde un lugar del mundo,
vuelve a estar quieto y profundo,
que te veré germinar,
con tu ego por el suelo,
deja tu amor en duelo,
¡allí debe quedar!

Como gota de rocío

Eres esa gota cálida
que llegas y me humedeces,
te miro tan arrogante
a veces me entristeces.
Te disfruto tus andares
y te siento tan galante,
aumentando mis pesares.
Yo te sostengo,
entre las palmas de mis manos
como ese néctar deseado,
nunca vencida
te miro como corres
entre mis pechos apasionados
como palomas dormidas.
Gota que se desliza
en forma tan insegura,
me desespero,
porque es mucha
su dulzura.
Gota que transciendes
todo mi cuerpo ardiente
¡ay gota divina!
de tu pasión que fascina
bajando asolapadamente.
Gota que llegas
y penetras en lo profundo de mi vientre.
Ahí donde mi cuerpo más siente.
¡ay gota de rocío!
vienes de mañana,
junto al amor mío.
¡para calmar mis precipitadas ganas!

Como grabar

¿Cómo grabar un momento,
de asombro en tus mejillas?
¡cuando ya no te siento!
¿Cómo atrapar el sonido del viento?
que tan quieto viene a mi orilla,
¡si es sólo viento!
¡ven hombre, casi muerto de frío!
De hielo un cuerpo cubierto
y el alma con tanto brío.
¿cómo atrapar un llanto
que se siente tan dentro?
cuando expones al mundo
tus más tiernos sentimientos.
¿cómo grabar tu nombre
entre suspiros,
y entre mi plata fina?
yo fundiré los montes
añorando tu figura divina.
Ven corramos en la noche,
entre el silencio tan nuestro
entre galaxias,
esas que nos llama,
donde yacen nuestros ancestros.
Tú serás la roca inmovible
que con un quejido he de mover,
yo me llenaré de lo imposible
envuelta en esa ola gigante,
así es,
como me podrás tener,
sintiendo
mis manos amantes
que te baña el alma,
enjuagando tus entrañas
con esta pasión intangible,
entre susurro de calma
No me podré sorprender
¡tú, caballero insensible!
¡Yo, con esta ansiedad de mujer!

Como hielo

Me agobia el clima frío
de esta mañana sin sueños,
donde la aurora se oculta
dentro de la pena,
la que brota fuerte,
la que hiere, la que irrita
y me acalora,
porque no puedo verte
Tendré que cerrar este tiempo
entre ventanales,
que cierren de momento
que no se puedan abrir,
mis latidos se cierran
cuando los vuelvo a sentir,
y son surcos elevados
que no quieren
ya ni percibir,
tampoco tirarlo a un lado.
Mira la montaña de nieve
como se amanece,
la tocaré con mis manos,
veré si se humedecen
y entre carcajadas me reiré
cuando con mi calor se desvanece,
la tocaré con mis labios
¡a ver si florece!
humedecida dentro de mi boca
y con su calor de fuego
¡enseguida resplandece!
¡como radiante flor!
Hoy estoy en calma mi amor,
miremos la montaña de nieve,
mira en la cima,
dos enamorados
parece que se mesen,
¡que intrigante es el amor!
Yo estaba como hielo
y ahora al verlos a ellos,
¡siento que mi amor se me enternece!
¿Lo hacemos mi cielo?

Como ladrón

Como un ladrón
te robaste mi vida,
llevándote tantos recuerdos
Las costumbres en el adios
¿Por qué te robaste mi risa?
¿y del alma la ilusión?
Dejaste una penumbra
que invade nuestra casa.
Las estrellas
se pierden
en lo infinito
del soñar.
Ese sillón vacío
que mese mi dolor,
no logra consolarme
porque era parte de los dos.
Las rosas rojas
no desprenden
tanto olor.
Te robaste
el perfume de tu cuerpo
del que me embriagaba yo.
La hora de tu llegada
no transita en mi reloj
quedando presa
en la imaginación.
Ese beso en mis labios
como juguete de mañana,
me despierta entre asombro.
¡Porque ya tu no estas!
¡Corro y abrazo a los pequeños !
Que se agigantan en tu adios,
¡a ellos no te los robaste!
¡ahí siempre!
¡quieras o no quieras!
¡estaremos tu y yo!

Como llegar

Escucho el tictac del reloj,
medito en el cursar del tiempo,
sin darme cuenta,
de cierta manera,
tratar de dejar,
siempre abierta una puerta,
quedando ahí,
aunque me quede afuera.
Este susurro que tan dentro siento,
nadie sabe lo mucho
que siente mi corazón,
cuando enamorado está latiendo
es un constante susto
que da sobre saltos,
queriendo llegar
a donde sabe que le van a amar,
siente el gusto
hasta donde el quiere,
no le interesa
si no puede,
o si al amar,
es mucho,
y tiene que subir muy alto,
pero así lo prefiere.
¡Ay amor imposible!
que se lleva en lo sublime,
en la cúspide sin coronar,
¡déjame entre suspiros!
aunque sea a ti llegar,
no me importan los atributos,
solo se que mi amor
es tan absoluto,

que sólo sabe gemir,
porque es tanto y tanto
lo que te quiere decir,
que al final no dice nada,
¡sólo sabe sentir!
¡sentirse enamorada!
Este corazón mío,
en lo más mínimo se asusta
siente miedo y espanto.
Lo que si no puedo esconder
¡es lo mucho que tú me gustas!

Como ola en silencio

AL fin llegas a mí, recorriéndome toda.
Me tocas, te deslizas,
me impactas me erizas,
como ola inmensa
tiernamente te me avecinas.

Me lates, me gozas, me susurras al oído frases
que dislocan
y que deseo escuchar
aunque yo esté debajo y tú en la cima.

Porque junto a ti
el vivir que me produce goce.
Te me pierdes de nuevo,
dejando la huella
sobre mis poros abiertos, tus aguas salinas.

Brota la energía que salen de mis manos
y con mis dedos,
palpo la melancolía.
froto mis aventuras
con la ilusión,
porque está cercano el nuevo día

En que vuelves de nuevo con más fuerzas, y certeza
enorme y elevada,
como si estuvieras furiosa
vuelves como ola callada
pero imperiosa
y de tu emoción vuelvo a ser presa,

Ahí tu alma me mueve, sento que me besas,
eres ola que azota mi orilla
en desolada playa.
Yo duermo entre mis placeres de luciérnaga amarilla
que vuelan y vuelan
queriendo que el sol
pronto se pueda esconder,
¡que se vaya!

¡Ya ardo y quemo con tanto calor!
estoy dispuesta a ceder,
Son instantes mi amor, solo instantes
lo que define la entrega.

Vencida en la arena dormida, me place
esperando ansiosa
la ola que llega,
esperando por su fuego
¡y que me abrace!

Como pensaría

¿Cómo yo pensaría,
de los qué me rodeaban
cuando a penas conocía
a la humanidad?
¿Los miraría con desconfianza?
¿con cariño?
¡con un asombro tal vez!
¿con temor?
pero de lo que sí estoy segura
¡que nunca miré con amor!
porque lo desconocía.
¿Cómo mirar a los demás pasar?
Si como infante
lo que sabía era curiosear
lo que los demás hacían.
No podía preguntar por temor
a una respuesta brusca,
ese temor innato en la inocencia,
que la delata,
sin saber quien está presente,
el que no está,
o el que vendrá.
¿Cómo pensaría con cierta edad?
si aun sigo pensando
sin hallar respuesta.
Lo que ahora si sé,
que todo a mí alrededor
está girando en forma vertiginosa,
ya la vida para mi es menos preciosa.
Veo como los demás
llevan disfraces
en sus caras de carroza,
esa es la que demuestran
en este mundo impío,
¡No saben lo que es dar y sentir!

Son verbos exterminados
desde mi efímera existencia.
No saben
de la necesidad imperiosa
de un abrazo a la inocencia.
Ese abrazo cotidiano,
¡Ese no es al que amo!
¡Amo los que me faltaron!
cuando siendo una niña,
extendía los brazos al viento
y se quedaban vacíos,
sólo con mi pensamiento.
No encontraron su regazo.
Llegaron siempre tardíos,
¡Como si tuvieran un plazo!
¿Cómo pensaría de los que me rodeaban?
Si aun sigo preguntando
Y no encuentro claridad.
¡Porque la respuesta está en blanco!
¡Seguiré siempre pensando!
y de los demás,
no espero recibir más.
¡Una simple migaja, es lo que nos llegará!

Como puedo decir

¿Cómo puedo decir?
si entre el espacio
de tu indiferencia
y la necesidad de mi sentir,
hay un cúmulos de noches
que te quieren presentir,
escuchar de tu palabra el eco
que suene a clarines de inocencia,
entre los besos,
esos fugaces que a veces
maltratan la ternura,
yo quiero sentir
con claridad y todos mis sentidos
donde comienza la vida
donde termina el olvido.
Quiero escribir
como salgan mis letras,
no importa la coordinación,
si el alma se me aglomera
en sentimientos,
que a veces uno no espera
sin tener mucha razón.
Se que lo negro es negro
y lo blanco sin definición,
pero hay sentimientos
que se desconocen,
¡cruel desesperación!
de no tenerte,
de sentirte que estás,
de no verte nunca entre mis brazos
y saber que no será,
no espero nada, es la realidad,
conozco que la testarudez
aunque mueras de ganas,
el orgullo te detendrá,
¿por qué no dejas fluir el sentir?

como yo suelto mis palabras
y acudes donde estoy,
tú sabes que te espero,
sabes que amor te doy.
Entre tanto desconsuelo,
a veces pienso,
que no te podré nunca más sentir,
me conformo ya,
con sólo poder oir
tu leve acento,
saber que de nuevo te vas,
pero tenerte en mis brazos
aunque sea un momento,
en ese instante te diré tantas cosas
que sólo mi alma sabe,
yo se que tu corazón
en mis latidos podrá sentir,
¡Esta pasión, que en mi ya no cabe!

Como resplandecer

No he dicho jamás
que no amo la vida,
mi tierra,
mis creencias espirituales,
mis materias,
mis esencias,
las vivencias.
Hasta aquellos que fueron mis rivales,
porque aman lo mismo que amo
que no puede ser compartido
amamos con un sentimiento,
cuanto más prohibidos.
Yo no he dicho jamás
que no probaré tu vino,
porque aunque sea el más agrio,
el dulce sabor se lo ponemos
con nuestro compartir divino.
No he dicho jamás
que no quiero vivir contigo,
con este y con aquel,
somos de la tierra sus cautivos,
Y con mi amor a todos quiero entender
¡Pero lo que si digo!
¡con todo mi sentir!
que mis tristezas e intimidades,
mis alevosías,
esas junto a mi caminan día a día,
por la senda que me cobija.
¡esas son mías!
¡esas no las puedo compartir con nadie!
Porque solas entre dudas se debaten,
La duda que me aprieta la mano,
mi lucidez se me afana,
acorralada
entre mis mayores ganas.
A los frutos le acaricio el alma,
dentro de los ¡te quiero y te amo!

entre ese pañal de inconciencia.
¡Cuánto reclamo su presencia!
Quedo en mí habitar
con mi quietud que permanece,
¡Pero lo que si aseguro!
¡Que nadie resplandece!
¡dentro de lo suyo!
Me arropo en mí ignorar
como simple capullo
¡Ay quiero volver al vientre!
¡en nueve auroras!
¡Ahí es donde único resplandezco entre arrullos!

Como soy

Si son mis ojos los que demuestro.
Yo les respondo con decoro,
¿por qué le interesan ellos,?
y no lo que yo siento.
pueden ser de diferentes
colores por estadios,
verdes, azules, grises, pardos y negros.
llamativos e inclementes.
así son los ojos míos.
Pensando en la sociedad
muchas veces se oscurecen.
queriendo ver claridad,
ante lo injusto entristecen.
Aquí todo es ficticio,
nada es realidad.
Ahí pierden brillo ante la vanidad.
Entonces.¿ por qué preocuparse
por la belleza aparente ?
cirugías hasta e implantes,
verás en algunos amantes.
La ciencia avanza gigante
desarrollándose después,
te hacen como quieras,
nueva de cabeza a los pies.
Te puedes enamorar
de la mujer más preciosa,
hasta te puedes hallar,
que no es mujer, es otra cosa.
Al hombre lo puedes ver
musculoso y flamante,
todo es puro esteroide,
al final se convierten en androides
y se le cae el brillante.
No amo la belleza de afuera,
amo la vida, su naturaleza,
al hombre por su virtud
amo toda su entereza,
la vida en su plenitud,
Esa es mi abstracta grandeza.

Como te busco

¡como te siento!
en mi palpitar constante,
porque no vuelves como antes,
donde me dabas tanto tu brillar,
tanto aliento.
Yo siempre te he de amar,
entre los sueños más deseados,
cuántas veces
en ellos te he besado,
he sentido
entre mis lágrimas al rodar,
que si me dices dónde estás,
es porque ya no puedo más,
¡corro a tus brazos!
en veloz carrera
¡ay si yo te viera!
verías mi sentir,
podías
escuchar,
dentro de mi
este gemir,
que te llama,
que te busca en los días,
en que su alma
en suspirar de agonía,
se debate en pensar,
que si me dejaste de amar,
no lo quiero admitir
yo de tu alma quiero sentir
ese calor,

quiero con tu amor
poder vivir,
¡ver que renace!
¡los más altos empeños!
Ven, cerremos
ese transitar de sueños,
levantemos lo que antes
habíamos construido.
¡dame de nuevo tu amor!
¡porque el mío de aquí adentro!
¡junto a ti se me ha ido!
ha sido tanta la espera,
tan largo tu silencio,
¡que el dolor lo ha enmudecido!

¡Como te siento!

¡Basta ya, no me atormentes!
¡por favor!
lo sabes que tuya soy,
sabes que por amor
un corazón en silencio
dice más,
que gritando todo lo que siente.
Estoy siempre dispuesta,
convencida
de esto que llevo aquí dentro,
¿por qué no te das cuenta?
que tú eres mi tormento,
¡ay tormento de mis tormentos!
¡tormento de mis pasiones!
esa escondidas,
de las prohibidas,
llenando mi alma
de tiernas sensaciones.
Sensación de tenerte
junto para siempre,
para podernos amar
porque me gustas,
y eres el mejor momento,
de esos
momentos sexuales,
que llenan el triste vacío
uniendo lazos carnales,
que te dan aliento y razón,
te alimentan
hasta el más mínimo
ápice de pasión,
llenándola sin medidas,
entonces
es que recobras fuerza,

y se te quiere escapar
de alegría
la misma vida,
para aceptar
lo indispuesto que llegue.
Las hojas marchitas
no están ya muertas,
siento hasta deseos de amar
¡te lo juro que no te miento!
Siento ganas de atravesar la puerta
y me tengo que conformar
con sólo y desde lejos
poderte mirar,
aguantando amor,
¡lo mucho que te siento!
¡Es triste sentir tanto y tenerte que dejar!

Como te siento amor

Amor,
¿por qué te llamo tanto
y no me respondes?
no sabes que te llevo incrustado
entre mis poros
por más que te escondes,
¿no lo entiendes?
que te siento muy adentro
fundido en mi pensamiento.
A veces me pregunto
¿por que no puedo vivir sin sentirte?
Algo me responde,
-que junto en mi nacimiento
te fundiste.
Esperaste mi llegada
como se espera
una especial invitada,
me diste tu esencia y ternura
endulzando mi figura,
me llevaste por caminos
dejándome entrar
en diferentes destinos.
He penetrado si,
me he llenado de la vida
sin saber quién me ha usado,
he atravesado suspiros
encontrándome con los gemidos
unos vigorosos,
otros cautelosos,
atrevidos,
inhibidos
otros vigorosos,
pero siempre he sabido
mis sentir llevarlos
como gacelas que se asolapan
entre inmensa espesura,

que admite sólo ternura,
porque si no, se revela.
¡Ay amor gracias por existir!
tu eres mi fuerza, mi sostén,
el alivio que me calma
mis desesperanzas,
eres mi paz,
mi mayor entereza,
por ti es que respiro
llenándome de tu grandeza,
te llevare conmigo
¡hasta morir!
Sabes amor,
que no soporto las tristezas,
porque vives conmigo
en las alegrías,
así es como te llevo amor
en mis noches
llenándome de tu fuego
con tu desvelada armonía
y a todos horas
¡me iluminas, la llegada del nuevo día!

Como un sueño

Descalza con mi sed de esperanza,
atravieso tus anhelos
que con las plumas de mis tristezas,
no podrás escuchar ¡te quiero!
Yo no digo ¡te quiero!
por solo decir,
yo lo siento bien adentro
en la oscuridad de la noche
en que presiento
que vas a venir
y todo queda dormido en mis reproches,
yo abrazo todos tus tropiezos
y te susurro cerca de mi aposento
con tu ternura me embelezo
y ya si no llegas,
no sé ni lo que siento,
este sentir de llenura cálida y tan viva,
esta sublime agonía convertida en dulce fatiga
que dulcifica mi alma
que hace que tu nombre en silencio yo diga.
Yo te siento en mi adentro
y no puedo mirar afuera,
que hermoso es sentir
este amor que me llena mi cuerpo
¡y de qué manera!
Tu llenas mi asolapado desierto
mis noches cálidas,
desnudas,
me las cubre la duda
ésta que siento que corroe mi alma
en triste lamento
donde me quedo sin palabras casi muda.
Siento que la mentira habita tu calendario
no quisiera oírla
¡maldita tu mentira
que hace tanto daño!

Quiero que te quedes en mi vida
como el sueño maravilloso que no existió,
algo que me dio luz, algo esplendoroso.
Quédate en lo místico del pasado
ese que quedó callado.
Quédate no me hables
y déjame pensar
que tu fuiste en mi vida
¡el amor deseado que no pudo llegar!

Compartido

No se por qué ahora llegas tú,
con esa silueta tan arrogante
que me insitas al calor,
hasta traer a mi mente
aquel dulce amor
de estudiante,
porque siento
que he aprendido contigo,
he sentido como antes
donde mis sueños
se cobijaban
entre ramales escondidos,
que sólo lo encuentran
los tiernos amantes.
Siento que contigo
he aprendido,
el querer volar,
¡soltar mis alas!
Al final del mundo querer llegar,
porque siempre yo me sentí
refugio de mi pasión,
hoy aprendí,
que le he puesto vuelos
a la imaginación.
Entonces,
recorro estaciones
todas llenas de pasiones,
desiertos
que cubrí con amor
y no eran tan yertos,
pasajes de juventud,
que me hicieron vivir a plenitud,
¡ay mis recuerdos de antaño!
dándole vida a mis años.

Le pongo colores a mis recuerdos,
y entre el rojo encendido,
mi sexo, ahí me pierdo,
me aferro al gemido
que me despierta,
entre suspiros.
¡siento que quien me abraza eres tú!
¡Déjame volar contigo!
¡pero en un solo viaje!
donde estemos bien unidos,
¡porque tú también me enseñaste!
que en el amor,
¡cuando es bueno, todo es compartido!

Cómplices de amor

Somos cómplices
si,
porque nos entendemos,
sintiendo entre placeres
mis inquietos anhelos,
que me retas a levantar
y los pongo a tus pies,
para que con tus caricias
me sepas amar,
me eleves al mismo cielo,
nos queremos desahogar
nuestras intimidades,
y no sabemos que al jugar,
podemos perder
a partes iguales.
Soñamos con amaneceres
todos llenos de primores,
me hablas de tus pasiones
y temes que te enamores.
Somos cómplices
si,
entre el diario existir
y entre mis ventanales
la emoción vuelves abrir,
¡ay secreto, de mis cuitas de amor!
recorre la cortina de mi alma
para que sientas su calor,
ese que tú no conoces,
porque bien escondido está,
al que le pongo un broche
y nadie sabe por dónde va,
¡ay somos cómplice de amor!
mi secreto,
¡no puedo callar más!
yo te gusto y tú me gustas,
es mi mayor complicidad.
¡Vivamos el momento!
¡sin importarnos el que dirá!
¡cómplice mío, ven!
¡Y entre locuras, ámame mucho más!

Conociéndote

Algunos hablan,
tal vez
queriendo decir algo,
que todos los caminos conducen a Roma,
pero del mío yo no me salgo,
pretendo encausar mi vida
por uno sólo,
yo vuelo sin dejar
de sentir curiosidad,
por aquel que se asoma
no quiero indagar mucho más,
aunque esté en mi destino.
¿para qué seguir buscando?
¿quién dice que es ahí?
¿qué estoy llegando?
¿Qué quiero pedir clemencia?
¡No, eso no es lo que quiero!
Yo quiero ir soñando
a la pirámide de tu cuerpo,
y ahí sentada en tu conciencia
medir el poder de tu sabiduría,
con la pasión de mis sentimientos.
¡Saber que estamos vivos!
¡que sentimos!
¡que disfrutamos de la noche!
dando gracias al nuevo día.
Porque amamos,
nos disfrutamos
nos gozamos
y nos despojamos
de la inesperada melancolía.
Quiero balancearme en las líneas
de tu mirada,
para que me lleven
donde nuestras almas
se sientan siempre enamoradas.

Me mires de todas las formas
y que podamos respirar el aire frío
del invierno cercano,
sentir un leve roce
de tus tiernas manos,
que me lleven al confín,
¡guíame pensamiento sabio!
a tu basta cultura
para que se fundan
nuestras dos almas sin censuras,
ni señales que atormente el existir,
meditar,
en el cansancio de las ausencias,
esa tan absurdas
que nos regalamos,
privándonos de la presencia.
Quiero poseer en mi camino
el surco
de tus bastas experiencias
que te hacen
cada vez más valioso,
¡naciendo días esplendorosos!
Quiero navegar contigo a la deriva
mostrándome tus esculturas
enigmáticas,
y los trofeos
que te has ganado en la vida,
qué más da,
¡que digan que son locuras!
dame tus conocimientos,
los entrañables
para en ellos,
¡quedarme al fin dormida!
¡al ritmo suave y movimiento de mi cintura¡

Contradicción

Estoy sola,
con amigos,
tan alegre,
llena de tristeza,
con tanto amor,
tan vacía,
tan agotada,
con fuerzas,
con brios,
pero sin luz,
con deseos,
pero fugas,
vivo el presente,
añorando el pasado,
con una risa
que es parecida a una mueca,
yo quiero llenarme de amor,
ese que
sólo es capaz de encender
el fuego que con tu adios,
¡en mi apagaste!

Conversando con la luna

en silencio anoche hablé con la luna, me miraba,
ella no entendía
¡por qué yo tanto lloraba!
mis lagrimas tú que ves,
no brotan por cualquier cosa,
dime luna tú que sabes
de mis noches,
¿con quién le ves ahora?
¿a quién le regala rosas?
yo se que sólo no está,
eso queda en lo imposible,
dime luna,
si tú puedes oírle,
dime
¿que piensa él de mi?
si en algún momento
te ha preguntado a ti,
¿dónde estoy yo?
¡dime la verdad!
que tú no me mientes nunca,
dime si me ignora,
porque su mente
deambula por ahí,
dímelo luna
dímelo así,
bríndame tu claridad
yo sabré si lo sigo amando,
o lo olvido de verdad.
Vendré convencida
todas las noches
donde estás tú,
para que me llenes con tu luz
mi alma que está oscura,
porque su amor
me ha dejado insegura,
¡dímelo luna!
por dónde mejor me voy.
¡Sin su amor, no se ya quién soy!

Cordón de vida

Yo viví arropada
dentro de un mundo
lleno de silencio,
presintiendo
sin estar esperanzada
lo que estaba sucediendo,
mientras tú,
estabas embarazada.
Mutilaron
mis ganas de salir afuera,
temía salir,
por temor a que tú
padecieras,
como quien sabe
que al hacerlo
alguien te espera.
Y me desligaron de ti,
cortando el cordón
que nos unió
por nueve esperanzas
y alegóricas auroras,
no te sentí más,
miro el espacio
ya no te tengo ahora.
Yo sentí tu tristeza y añoranza
de darme a la luz
dentro de otro mundo preñado
de miseria acuesta, y de inquietud.
Me bebí tu preocupación,
me sacié de plenitud
no hubo más que denunciar,
al hambre por estar
como dueño y señor,

lleno de toda virtud,
salí de un mundo
de oscuridad,
creyendo encontrar otro mejor,
¡maldito verdugo que te martirizó!
¡pobreza insaciable!
que al llanto condena,
del mundo,
su gran pena,
esa fue la gran verdad,
¡madre, ahora se!
¡que ese fue tu gran dolor!

Corriente de amor

Te tengo ante mi vida
como manzana prohibida,
te quiero tener y no puede ser,
¿por qué la vida se ensaña de esta manera?
si es aventurado
el que sienta el amor,
aunque éste,
no lo tengas a tu lado.
¡Yo quiero caminar contigo amor!
con la luz de la mañana
y sentir como lates
en horas tempranas.
Almacenaré escombros
de noches perdidas,
en que no te sentí,
porque no te dieron cabida.
Te tengo ante mi,
como faro que guía
cualquier puerto,
porque siento
con mi corazón,
estas ansias de amar
y sus arterias
fluyen vehemente,
llevando la fuerza
de mi sangre caliente,
que no lo deja en paz.
Es un corazón,
marcando el compás
de su sentir,
el no es aventurero,
es el amor que yo quiero,
¡que me ayuda a vivir!
¡ay este amor que me corre tan fuerte!

invadiendo mi mente,
mi pecho
y mi subconsciente.
¡Es mi reflejo que llevo de siempre!
es la corriente de amor
que nos acercó,
¡vuélvete piedra!
¡yo seré de ese río, la más fuerte corriente!
para llegar a ti,
¡y enredarnos como yedra!.

Cualquier dia

Contigo me encontré
un día cualquiera,
no recuerdo
exactamente el día que fue,
pero si recuerdo
que nos miramos intensamente
que nos descubrimos el alma
y sin darnos cuenta
hubo una delicada entrega,
fue un instante fugaz
que nos dijimos
tantas cosas
como nunca me habían dicho jamás,
sentimos tan fuerte el sentimiento
que con el nos crecimos,
contigo me encontré un día cualquiera,
quisiera recordarlo
pero no puedo
porque sólo mis sentidos
quieren saben amar
y no pueden ya recordar,
me llevaste con palabras
bien conjugadas,
que al tono
de tu voz varonil
yo me dejé querer
y no pude resistir
sin evitar nada,
entregándote mi todo
y en ese día cualquiera
sin poder evitarlo sentí
un ramal de ensueños
que me llevaron al gemir,
una cascadas de deseos
me refugiaron a tu cuerpo,
lo que si no olvido
es que te sentí soberbio prepotente,
¡tan arrogante!
y nos sentimos los dos
¡de una manera tierna y tan fuerte!
¡que nos hicimos amantes!

Cuando termine yo comienzo

Cuando termine tu pasión,
yo voy a comenzar
con mis mimos,
mis anhelos,
para poderte amar
sin desvelos
y con toda la ilusión.
Te levantaré
con mis sueños,
te los entregaré
como alma en poema,
que de ti
quieren alimentarse,
hasta quedarse
de amor bien llena.
Donde terminen los presagios
yo te besaré
todo tu cuerpo,
desde arriba hasta los pies,
con mis sedientos
y tiernos labios,
porque ellos quieren
de ti beber,
quieren la cristalina agua
de tu fuente de amor,
para calmar su placer.
Donde termine tu luz,
allí me podrás tener
con todo mi esplendor
de mujer,
ese que al frotar
nuestros dos cuerpos
nos bañe el rocío
y resplandor de la aurora,
comprobarás en silencio,
¡que tú eres mío!

porque es mucho lo que siento,
y mucho me acaloras.
Donde termines tú,
ahí comenzaré yo siempre,
para que me tengas impregnada
en el cuerpo y en la mente.
Siempre que termine la pasión,
la luz,
alumbrará al alma,
mi ilusionada inquietud,
la que brillará
¡siempre que exista dentro de mi, amor!
¡y amor eres tú!

Cuídate

Al decirte cuídate,
¡mi amor, te digo tantas cosas!
pero todas valiosas,
para que tú puedas
llegar a alcanzar,
de la vida todo
con su esplendor,
y sepas ahuyentar
también al dolor,
sepas amar
lo que ella te brinde,
entre risas sepas valorar
haciendo de los momentos,
los difíciles,
reveces que pasarían
sin crearte un tormento.
Cuando te digo cuídate,
es porque te siento,
es porque quisiera
que tu me abraces, junto a tu pecho
para evitar que nada te pase,
y ante lo desagradable
con mi deseo de cuido
verlo deshecho.
Cuando te digo cuídate,
es que te siento,
tan dentro, pero tan dentro de mi
que podrías si quieres,
detener mi lágrima antes de salir,
porque ahí en un rinconcito,
donde sólo ocupas
un lugar preferente,

te tengo constantemente
como mi cofre de oro,
anexado a mi vida de amor
como mayor tesoro
para entregártelo a ti,
por eso,
cuando digo cuídate si,
es porque te quiero
y no acepto,
que jamás nada te sucediera,
siempre tenerte cerca de mi
¡que tu amor, junto al mío creciera!

Dando vueltas

Dando vueltas en mi vida
un día me encontré la noche
que se hallaba bien deprimida,
le pregunte:
¿Por qué te sientes así?
Entre sollozos me contestó,
que se encontraba desvelada,
la curiosidad me sorprendió el interés
y quise seguir dialogando,
¿pero, qué es lo que te está pasando?.
Tanto que tu abarcas,
entonces,
¿por qué te sientes sola,?
¿Quién tu sueño te está quitando?
Yo no se, de tantos que me acaparan,
quien es mi dueño
¡ese que entre sexo me acorrala!
quiere disfrutarme toda la noche
sin hacer escala,
en tantos derroches de pasión,
después de tanto sentir,
cansados de trotar el cuerpo humano
se pueden acostar
y tendidos de sueños
se extienden a dormir,
y yo ahí,
entre ronquidos y ronquidos
con otros amantes sigo,
y sigo,
nadie se da cuenta que existo
y quiero que alguien me acompañe,
esos amantes desvelados,
que al amor no se han entregado,

me viene bien sentirlo a mi lado
y amarlos toda la noche
y que no se lamenten después
porque cuando
no se puede dormir bien,
¡sólo en el cansancio!
y la fatiga es que me ven,
según la queja,
¡en la mala noche!
en la que no pueden dormir
¿y las buenas que pasé?
las que tanto te asientan,
¡parece que esas no se cuentan!
¡qué injusta e ingrata es la vida!
lo que quiero que tú me digas
entonces,
¿cuándo me podrás sentir?
¡para vestirme de encaje!
arroparte entre mis deseos
y junto a ti,
podernos ir de viaje,
y así todo tu cuerpo,
¡con mis deseos locos poderte consentir!
En ese largo viaje,
nos quitaremos el ropaje,
quedando en cueros,
sabrás lo mucho que te quiero
¡y de esta noche más nunca te podrás arrepentir!

De muchas maneras

Porque yo te soñé
de muchas maneras
tu amor me convirtió
yedra y enredadera.
En concha marina
que duerme segura
mi alma suspira
entre algas divinas.
Mi rojo escarlata
impreso en mis labios
quejidos que arrebatan
tus placeres sabios.
Concha nacarada
esconde mi corazón
profunda compasión
daño nunca le hagas.
El no te pide dinero
no te pide riqueza
te quiere con esmero
quererte es su nobleza.
Porque en ti provoco
desenfreno pasional
¡cuando yo te toco!
mucho te quiero amar.
Cauteloso me besas
todos mis anhelos
yo me vuelvo fresa,
me vuelvo caramelo.
Tu siempre amante
eterno amor viajero
pasión delirante
cuando me entrego.
Porque yo te sueño
de muchas maneras
¡siempre serás mi dueño!
¡Cuantas veces tú quieras!

De pie estoy

Mira mis pencas como se mesen
en su vaivén constante
están sonrientes.
Desde lo alto contemplo todo
sin pedir mucho,
siempre me alimento.
Mis hijos . . . .
jugando están
con la raíz de mi tronco,
de orgullo me cubren.
Doy como fruto
la belleza de mi naturaleza
y de placer . . . el que me miren.
No pretendas igualarte,
arbusto pequeño
cuando tu crecimiento
lo daña una plaga.
Podía despojarme de mi altura
retando tu desarrollo,
para ayudarte
tendrías que darme la mano.
Mírame . . . De pie estoy,
cuidando el sueño
del caimán dormido,
aferrada a esta tierra
que es la mía.
En su verdor
está la matriz
de la sabia
que me hace ser
LA PALMA CUBANA.

De quien es la culpa

La embriaguez llena mi alma
con tus mieles de esperanza,
brota la espiga roja,
entre esa mano lastimada,
mi querida amiga,
¡que tanto me ayudaba!
Llevaste en esas huellas
mi marca sin hallar
a nuestras vidas una mejor salida,
y me llenaste de tu fuerzas
y malabares,
llenando en mi interior
juegos con sueños
entre azahares,
con dulce melodías
que se encontraron
entre esos juegos morbosos
mezclados con la vida mía
y nos sorprendió la noche
que también nos asustó,
¡ay de tus días!
¡y de los míos !
tan empecinados a las orgías
de aquellos ventanales,
yo mirando desde lejos,
y desde lejos te veía siempre
y los balcones hablaron
entre cerrados,
por largos celos de amantes,
preñados de imposibles
y los oscuros deseos apetecibles.
Canciones viajera
que eran las que
entre los dos hablaban,
como eterna aventurera.

La vida te separó,
cruel separación, fue dura,
pasaron otoños,
llegaban otras estaciones
y nuestro amor
se quedó sólo en el pensamiento,
entre tantas emociones
en aquellas entregas de locuras.
¡qué escapadas!
¡qué huidas tan escondidas!
¡qué aventura!
¡y fueron en pleno día!
Nos parecía que el cielo
con su silencio nos cubría,
protegiendo nuestro secreto,
ese que tantas veces corrimos
al encuentro,
escondidos de todos,
como testigo,
sólo dios entre tu y yo, tuvimos.
Y en súplica a él aclamamos,
tu amor tenía dueña,
y el mío era de otro,
¿Pero quién tiene la culpa?
¡si fue que nos enamoramos!

Debajo de mi piel

Mi piel.
me siento mi piel en estado febril,
me toco suavemente,
pensando en tu manera
como queriendo sentir
unas manos ajenas,
que me han hecho vivir.
me toco suavemente
y cierro mis ojos,
me siento lánguida,
tan sensual,
que hasta me sonrojo.
y en mi pensar
tú vienes a mi mente,
como esa ola que viene
como esa ola que se va
cuando te regresas
te detienes,
y me haces sudar.
¡La fiebre sube más!
Se eriza al contacto de la tuya,
es un juego contagioso
entre mi piel y el jugar,
entre dos almas
que como sangre caliente
parece que coagulan,
entre el suspirar dejado
en un pasar
algo cansado,
mi piel te pide,
mi piel Te llama,
mi piel Te exige,
¡te aclama!
¡que la toques!
¡que le provoques ese gemir!
para que se quede calmada.

A mi piel la voy a seducir
que se suavice,
que redima extenuada
al verte partir,
¡que no se martirice!
voy grabar tu nombre tatuado
¡debajo de mi piel!
para que jamás ella pueda
¡sentirse lejos de él!

¡Déjame soñar!

¡Déjame soñar !
No te importa si estoy despierta,
Ni te sorprendas ver mis ojos que te miran
Porque quieren amar.
Ni que el pensamiento divague
y que hayamos terminado cuando debimos empezar.
¡Necesito soñar!
Pensar que aun vivimos prendidos de los recuerdos de nácar
que seguimos cubiertos de malezas de aquellos parques
tan oscuros y con claridad nuestra.
Hay miel de esperanzas en los besos escondidos
en los novios con su juego de amor a lo prohibido.
Me hace falta, un instante sentirme novia,
que pongas en mi cuerpo los azahares,
para que cuando tu penetres,
no rompas la felicidad que me ampare
y sentir un rosario de besos con frases bellas.
No dejes que la brisa celosa al escucharte
despeine mis cabellos
y sean tus manos las que me ayuden a soñar.
Mira no dejes que el mal tiempo nos azote
por separados a los dos.
¡Déjame continuar!
No interrumpas el éxtasis, no digas nada
En este instante, aunque afuera haya tormenta.
Que mi alma quieta y de enamorada,
¡Lo necesita, para poderte amar!

Del todo nada

A pesar del todo,
a pesar del tiempo,
guardo en mi memoria
grandes momentos,
que me hicieron sentir,
que me hicieron vivir,
todo lo que por ti yo siento.
A pesar de que tú fuiste
mi alegría,
mi emoción,
mi pesar
y mi desilusión.
Tantas cosas fuiste en mi ser,
en mi existir,
que por ti sentí ganas de vivir
y también de fallecer.
Fuiste mi luz en la noche,
fuiste más,
en el día mi oscuridad.
Fuiste velero en alta mar,
el guía perdido
en el caminar,
fuiste luz
y fuiste sombra
y en mi silencio aun
entre mis momentos
hay algún detalle
que te nombra,
porque fuiste todo
y fuiste nada,
entre los tantos instantes
que en mi mente yo acomodo,
tú mismo te desplazaste
ante el silencio
y nunca, nunca
llegaste a ser todo,

quedando deshecho
con partículas de deseos.
No te lo puedo negar,
yo se que fuiste tanto,
pero tanto,
que aun te recuerdo
entre el llanto,
aquel triste llanto
que derramé por ti,
entre ese pasar
que nunca lo veo,
porque fue mucho
lo que me hiciste a mi.
Entre la palabra inconclusa
que ya ni creo,
porque por ser todo
te convertiste en nada
fuiste la mentira,
inútiles escaramusas
¡mi amor de tantos años!
¡aun llevo en mis labios, sabor a engaños!

Dentro de mi

Amor triste y callado
que vives dentro de mí
en ti yo me amparo
aunque muera por ti.
Amor triste alevosía
que duermes junto a mí
en la noche tibia
en el frío día.
Cuando triste me veas
en estado de embeleso
recuérdame sus besos
antes que otra cosa sea.
No me desampares
en la sombra oscura
aunque no me halles
búscame en tu dulzura.
Amor oculto y callado
sigue haciéndome feliz
no te apartes de mi lado
y sigue dentro de mí.
Quítame este deseo
que es como castigo
corroes el pensamiento
porque el amor
¡quiero hacerlo contigo!
Sabes amor que sólo la verdad
cubre la gran mentira
hacerte el amor,
¡es mi necesidad!
¡aunque me cueste la vida.!

Dentro de mis dudas

Esperando la mañana
me sorprendió la noche
con sus nostalgias
y sus horas despiadadas,
en silencio la miré
como quien no quiere decir nada,
no hubo palabra alguna
que pudiera decirse
ante de la espera,
no acudiste a la cita
ahora entonces la acaricio a ella,
esta madrugada cruel
que burlándose de mi
hasta parece que se ríe.
acepto mi derrota,
no viniste y te quedaste con otra,
seguro le entregarás los besos
que me diste a mi,
le amaras con la misma intensidad
como lo hiciste conmigo,
lo dudo querido,
porque yo sentí como tu vida
me dabas en instantes
que suspirabas
y yo suspiré también,
entonces querido
quien da primero merece el primer cien.
Qué difícil es la ausencia
y la duda que duerme conmigo
y cuando la interrogo,
solo silencio percibo
en la palabra que se traga,
en la distancia que figura,
en todas mis ansias
que te aman y te aman
entre desoladas noches
¡que han sido mía y tuya!
¡porque supieron de nuestras locuras!

Desaparece

No aparezcas
más en mis sueños,
déjame tranquila te pido
aunque sola y sin dueño
vete a tu mundo de fantasía,
sepárala de las mías.
Que se alejen
y las ponga en el olvido
no te acerques más a mi vida,
¡déjala quieta!
es mejor que esté vacía,
antes de que le hagas otra grieta,
las mías son naturales
como las de cualquier mujer de afán,
de anhelos de ilusiones,
no provoques más mis desvelos
y sigue en tu ironía un poco mundana,
haz de la vida lo que te de la gana,
¡Que igual yo haré con la mía!

Desconfianza

Sentiste la desconfianza
cuando a penas
comenzábamos a caminar,
descalzos por las calles del sueño,
sin importarnos las piedras
que nos pudieran dañar
de tantos acumulados empeños,
por quererte escuchar
¿cómo es posible sentirla?
cuando lo que mi corazón
ha querido,
¡es poderte amar!
He sentido el sabor amargo
¡como corre por mi piel,!
se desliza, se aguante, suspira, le acaricio,
Palidece y tristemente,
ignoro el tiempo,
lo dejo que se desahogue al correr.
He sentido el desgano de este llegar sin creer.
He sentido la desconfianza,
como en mis lágrimas corre a granel.
¡No la esperaba!
cuando sólo lo que he querido
¡era poderte querer!
Desconfianza asolapada
que mis sentimientos todos,
¡me los traspasas como espada!
Sigue con tu desconfianza,
déjame entre muros de la desolación,
¡tu falso amor no tiene perdón!
Déjame junto a mi poesía,
ella es la única y gran razón
que en mi siempre creería
que escuchará mis tristezas,

engrandeciendo entre las mas simples estrofas
mi nobleza, ella no me ignoraría,
ni me tendría desconfianza
porque sabe que soy transparente,
como fragua de fuego,
no apagada,
aunque desconfiaste,
¡yo sigo ardiente!
¡qué lástima que ya no estés presente!
¡Amplio es mi sentir !
¡como ese gran cielo!
que ante tu desconfianza
¡yo intenté acudir!
¿Cómo me supiste mentir?
¡la desconfianza me puso el alma de duelo!

Desnuda ante el silencio

Me arropo en los recuerdos
de la noche de la partida,
pero hoy no siento frío,
porque me cubre la satisfacción
de sentir lo vivido.
Entre fronteras de vientos
está la existencia,
mientras yo divago aquí,
con mi conciencia.
Estoy desnuda en este silencio
de presentirte cerca
cuando estás tan lejos.
Me alimenta la esperanza
de saber que existimos
que gozamos y que sentimos
no sólo por sentir las cosas nuestras,
porque hay más en un cuerpo vivo
que lo nutre la sensación de libertad.
Tú naciste para mirar al hombre libre,
al aire juguetear en un rostro,
lleno de sonrisa y matices,
al mar contemplarlo
en su inmensidad
y sin fronteras,
al niño que mama
y la leche
la digiere
con sabor a luna llena.
Yo estoy desnuda si,
ante el silencio
de tantas inmundicias,
antes este mundo
despreciable y sin justicia.
¡el manto blanco me he de poner!
¡cuando el mundo se vista de orgullo!
y
¡con una mirada digna, lo podamos ver!

Después de ti

Sabes cuántas noches oscuras
y sin sombras
queriendo desguarecer
mi dolor
y entre quejido mi boca
en silencio te nombra,
queriendo
el día convertirlo en luz
para no esperar la noche
sin que estuvieras tú,
sabes cuántos aires de otoño
desperdiciados
que me acariciaban mi piel,
me la mojaban
su brisa al amanecer,
me seducían,
me deleitaba
yo sin prisa,
pero por ningún lado
tu solías aparecer.
Sabes qué,
después de ti
la vida me dio más fuerzas,
crecieron mis deseos
que estaban dormidos
y entre lirios bien blancos
dejé escapar mis añoranzas,
ya nada será como antes.
Son otras ilusiones,
¡ahora le cobro a la vida!

mis pasiones dormidas,
mis noches frustradas
perdidas
sin poder hacer nada,
ya ahora le paso la cuenta
en bandeja de plata,
entre un rojo encendido
color de fuego
que me delata,
pero sin dejarlo para luego.
Hoy siento que entre el día
y la noche hay diferentes porciones.
El día me hizo ver
que mi amor era pasión,
tal vez
esa de estudiante,
pero
al aparecer la noche
me demostró,
con mi inmenso placer
que ya me había graduado de amante,
después de ti qué,
la vida contra todo
y ahora es a mi modo,
¡si la quieres te la doy!
porque tengo derechos plenos,
te lo digo, si de placer no me lleno
¡como bien mujer que soy!

Detrás de tus labios un desierto

No importa lo que yo sienta,
quiero tenerte
siempre presente,
sentir tus quejidos
esos ardientes,
aun cuando estén desvalidos
pero son tus latidos,
esos que nunca mienten.
No ahogues
estos deseos locos
que acuno dentro de mi,
tú no serás la persona perfecta,
pero si me gustas con locura senil,
cuando me amas
y cuando me besas,
es cierto
que dentro de ellos yo me escondí,
queriendo enterrar
un pasado que en ti descubrí,
¡perdóname amor!
si sólo me produces deseos,
y ese apetito sexual,
se que tú no eres la persona ideal,
por eso después
que beso tus labios
siento sensación y desconcierto
porque tus labios sin amor
resultan, vacío e imperfectos.
Perdóname
que sea tan cruel,
me gustas hasta la saciedad,
pero no es amor
lo que por ti siento,
es pura necesidad.
¡Déjame besar tus labios yertos!
no importa, si al hacerlo,
¡me resulten, que estoy atravesando un desierto!

Dialogando

Quiero dialogar contigo
hablarte hoy amor,
precisemos
porque tal vez mañana,
ya no podemos
y tampoco tengamos
las mismas ganas,
pero es necesario que hablemos,
entre este diálogo cerrado
que con el de cursar de los días
ha quedado mutilado,
yo quiero que sepas amor,
que siempre te he sentido
muy dentro de mi,
que si no lo siento más
es porque no se puede
y cuando miro afuera
veo que el sol no viene
y que la lluvia me adormece
entre sus placeres,
yo quiero decirte amor
que siempre tú has estado
y vives anexado
a mi sentir,
con esas ganas tan grande
de contigo siempre vivir,
en trágicas noches de ensueños
ven siempre amor
porque sólo tu eres dueño
y la inspiración más hermosa
que se espera,
del botón
nacen rosas
convertidas en enredaderas.

Ver contigo caer la tarde,
disfrutar la noche
y saber que al abrir la puerta
la mañana junto a ti me llega,
¡ay amor quiero conversar
tanto contigo!
pero como siempre,
no puedo concluir como quisiera,
decirte tanto y tanto,
porque te me enrosca
como serpiente que añora,
escuchar el canto de enamorados
y terminamos los dos
por el deseo y la pasión
fuertemente aprisionados.

Dile, dile

Dile,
por decir con mis palabras,
que estoy loca perdida
por su amor,
que existo
y que respiro ansiosa de calor,
pero no estoy vencida,
que muero por amarle
y por darle mi pasión,
dile razón poderosa,
que desde que le conozco
no he hecho otra cosa,
que no sea pensar en él,
que siento celos
de todo lo que le rodea,
y que me duele
que no me pueda tener,
dile razón tan divina,
que mi pasión por él
es pura fuente cristalina,
que venga a mi,
para calmar su sed,
dile razón delirante
que en noches de frío,
muero de ansiedad
porque el sea mi amante,
dile razón que divaga
por cualquier lugar,
que si no es él
yo ya no quiero amar,

dile,
dile,
pero dile por favor
que venga pronto,
porque perder puedo mi razón,
no tendré entonces otra manera
para tener comunicación,
que no fuera
el que tu le digas
dile que de tristeza y de fatiga
padece ya mi corazón.

Dime amor

Dame la vida
en un instante de pasión
igual que hacías antes,
ven, dime amor,
porque ves que estoy soñando,
es en ti
que estoy pensando,
cuando te siento furioso
en el sexo amor,
ese que como loco
irradias en mí
¡ay que seria mi vida sin ti!
sin esa entrega total,
no sería el placer igual,
no sería tan inmenso y puro
de eso puedes estar seguro.
Ven, dime amor,
entrena el verbo quitar
con tus dientes
mi sostén puedes llevar,
siento que se desplazan
tus dedos por mis pezones,
al compás de tus pasiones
que erizados,
apuntan mirando al cielo,
mi bikini trasparente
cae al suelo,
para posar
como vine a este mundo,
desnuda de penas
con la naturaleza gozar
y de amor quedarme llena.
Se enlaza tu piel
que a la mía abraza,
como madreselva quiere poseer,

mi piel se torna caliente
y quiere retarte en duelo,
¡ay, dime amor!
¿por qué tu espada
atraviesa mi vida,
quedando justa a la medida?
dos cuerpos ruedan por el suelo
en un romántico preludio,
bien ardiente.
¡ay, dime amor!
¿por qué tanto es el sudor?
¡ya estoy en escala mayor!
Suben los quejidos,
¡estallan los quebrantos ahogados!
en llantos,
en espasmo de alegrías.
¡fuertemente subes los peldaños!
¡ay, dame amor!
¡no me hagas más sufrir!
aliméntame con lo viril,
¡de tus benditos años !

Dime necesidad

Necesidad esta tan imperiosa
de llevarte muy dentro de mi,
porque te quiero ver
y sentir siempre junto a mi,
estámpame tu marca insustituible
que junto a tu ser
siempre quiero fundirme
y no me separes para nada de ti,
siempre estar pegada
como marca imperecedera
que se lleva en la piel,
en tu vida,
y que tú seleccionas,
que la acondicionas
para que te haga medir,
sentir,
vivir
todo lo que la soledad
te puede proporcionar.
No te puedes escapar de ella
porque es una parte de la tuya,
la necesitas, la analizas,
la fatiga,
porque se hace indisoluble,
esa es mi alma,
tiene su escalafón
que aunque parezca algo tediosa,
un escalón necesita
y me hace subir para llegar a ti,
eres parte de esta ansiedad
que me agoniza y me acalora,
cerraré la puerta ahora,
para dejarme llevar de la brisa
y se que seguro me llevará contigo,

porque somos dos cuerpos
que siempre estaremos fundidos
en la inmensidad,
como esa necesidad
que también se siente ante el hombre amado,
que tú sabes que es tuyo,
porque con esa propiedad
es que lo sientes
antes la absoluta verdad,
¡porque como una sombra siempre está a tu lado!

Diosa al oleo

Pintar la luna yo quiero,
para pedirle
con amor y esmero
que se ponga al lado
del lucero,
verlo tan solo me desespero,
pintar el sol muy cerca de ella
y de paso,
pintar también
mis queridas estrellas,
ellas me enseñan a contar,
yo no las puedo olvidar.
Quiero pintar tantas cosas
que tengo en mi corazón,
pintar al pobre,
pintar al rico,
al niño descalzo
y sin ambición.
Yo quiero pintar
todo lo que llevo dentro
y es tanto lo que siento
que no se si lo podré lograr.
Se que no puedo pintar ilusión
y ese es mi gran tormento.
seguiré pintando la vida,
pintando mis alegrías,
pintaré la noche,
pintare el día,
todo lo que sienta he de pintar,
pintaré las olas,
pintaré el mar,
entre azules oleajes,
pintaré los pasajes
que me llevaron a ti,
pintaré el verde plumaje
de un ave al cantar,

ese río de mis sueños
junto a su dueño
también he de pintar.
Mis montañas elevadas
mis sueños de enamoradas
que te enseñaron
de alturas al comenzar.
Mis retoños en su caminar
frutos de mi vientre
pintaré todo lo que se siente
en sus anhelos para amar.
Dame tu pincel mi amado,
y pintaré con la imaginación
como nunca te había besado,
pintaré de rojo la pasión.
Pintaré en mi estómago
saltos de mariposas,
pintaré de rodillas,
no implorando,
pintaré
cómo te estoy amando,
¡pintaré cómo hace el amor una diosa!

Diva virtual

Que derrama la unión
de dos cuerpos vivos,
eres llama,
que se eleva como montaña,
más alta eres, vencedora de hazañas.
Mujer soñadora apasionada,
alma errante como agua cristalina,
transparente radiante.
Eres madre de la tierra en cosecha.
Fruto de mujer,
amiga que la mano estrechas.
La pasión suave que deslizas,
eres incalculable, pero precisa,
tenaz como loba en acecho.
Suave presa rendida en el lecho,
eres volcán fuerza delirante.
La gacela que se eleva al instante
con tu musa en la poesía
llegas en la tarde,
que nos entristece con su caída,
brotas como quiera,
da igual,
sanas con el alma nuestras heridas,
eres tu mujer,
diva virtual.

Divagando

Yo siento que la vida
muchas veces,
me hace reflexionar,
hasta me parece
porque es tanta la pasión
que no logro sentir
eso que en mi se encierra,
algo inquieto es mi corazón
que no encuentro palabra
que lo pueda definir.
Entre tantas sutilezas,
de la vida
he pensado,
entre tanta grandeza
que no conozco al ser humano,
que transita feliz
no te tiende su mano
y pide sumiso a gritos
un poco de amor,
cuando yo llevo
sentimiento
con tanto calor
He pensado en la mezquindad
pidiendo en las calles
para después endrogarse.
¿Cuán es más miserable?
el que pide
enviciado
sin poder callarse,
o el que no da un décimo
pudiendo ayudarte.
He pensado también
por pensar cualquier cosa,
¿por qué existe la envidia?
que husmea avaricia
dentro de su saco de pobreza . . .
¿Por qué la maldad en el mundo?

Si todos necesitamos la mano
del que la extiende sin la codicia
con sentimiento profundo.
Yo también pienso
que el desarrollo del humano
aun no se ha logrado.
Se necesita de otro potencial
que esté más preparado
en la parte espiritual.
Que vea la vida
de forma maravillosa
llegando a donde quiera llegar,
para que la vida la pueda amar
¡viéndola con su color de rosa!

Donde esta el amor

El amor está **en** tu alma,
en tu sentir,
en los deseos locos de vivir
esos que te roban la calma
en forma lujuriosa,
dime otra cosa,
por qué no lo buscas sin buscar,
tal vez sea más fácil
que ahí lo puedas encontrar,
pero este consejo te quiero dar.
en el viento se escapa de momento,
en el mar se te puede ahogar
en el pasar se te puede ir a viajar,
en el camino puede ser sin destino
en el transitar puede no regresar
en el sendero volverse algo viajero
en la playa detrás de otro cuerpo se vaya
en el desierto lo hallarás medio muerto
en el monte acorralado de fieras entonces
dentro de ruinas lo sacarás si te lo empecinas
dentro de una cueva, enamorado de la luna nueva
por eso ten lo mejor dentro de ti,
para que lo alimentes
siempre pegadito a tu vivir.
¡De ahí él no se podrá nunca salir!

¿Dónde estás?

¿Dónde te escondes ?
que la noche con su silencio
te quiere traer
y no sabe dónde hallarte
¡para hacerme renacer!
Te busco en el detalle
de cada día,
pero no logro cambiar
mis ilusiones
ya perdidas
¿dónde te busco?
si nada me lleva a ti
porque el dolor es tan brusco
que altera mi frenesí.
Yo he de asaltar nubes,
acariciaré a la luna,
a las estrellas les daré un abrazo,
que persigue tus huellas una a una
para seguir tus pasos.
Poder saber
dónde yo te puedo ver
¡hombre de mi vida !
yo quiero,
que mi amor te persiga.
Buscándote por donde quiera
que tú vaya mi amor
¡Si, yo te buscaré!
Serás mi cielo, hasta mi fe,
¡seré tu eterna frontera!

El águila del norte

¡Mi águila se ha levantado!,
dispuesta alzar el vuelo
¡mi águila se ha erguido!
Llegando con su alentador amor a otro cielo,
Para poder levantar los cuerpos tendidos.
¿Qué no lo podré levantar?
¡Claro que si podemos!
¡Eso es lo que anhelo!
Levantar con mi pico,
Herido que se puedan
del escombro sacar.
Yo no sé de fronteras
Yo no entiendo de idiomas,
Vuelo donde quiera
Llevaré junto conmigo palomas
Que puedan hacer
El dolor desaparecer.
Iremos con nuestro emblema.
¡Solidaridad! ¡No más penas!
Esparcidas por el mundo,
¡Basta de dolor profundo!
Es nuestra exigencia y belleza
No más fuerza ¡madre naturaleza!
¡No miras tus hijos cómo lloran!,
¡Pierden sus vidas e imploran!
¡Ante el familiar que perece,!
Tu fuerza al dolor engrandece
En toda la humanidad,
¡Ayer Haití, hoy es Chile,!
¿Mañana a quién tocará?
Mi águila trise y abatida,
rompe con su pico las piedras,
¡salvando vidas!

El arca de Noe

Hoy tengo invitados y me traerán flores
aunque les he aclarado, que no me conformé
con lo poco que me dieron sus amores.
Estoy sentada en la orilla de mis recuerdos
entre una baranda que me hacen mirar más allá,
porque no puedo a todos penetrar,
sólo dejaré entrar
aquellos que quepan en mi arca,
esta que en mi alma llena de pasiones los abarca.
Los sinsabores los dejaré en su libre albedrío,
porque es tanto este sentir mío
que brota de lo profundo de mí vivir,
pasen todos,
pasen que son mis invitados
y los quiero consentir.
Sentaré mi amor de estudiante
en un banco que aquí había antes.
Pondré el dulce sueño de mis dieciocho
que no fueron tan hermosos.
Guardé ropa de encaje para la boda
Y qué tonta mis ilusiones se fueron solas de viaje.
A los veinte, tuve varios amores
que no me eran tan galantes,
estos los pondré aquí enfrente
porque pasaron muy rápido por mi mente.
A los veinte y cuatro me casé,
creyendo que era un sueno en realidad,
tuve mis dos frutos que es la única verdad,
No obstante a ese, lo pondré al revés
para cobrarle lo que me hizo después.
Tren años de soledad me llenaron de vanidad,
tenía donde escoger y a nadie les pude creer.
Todos ofrecían a ninguno le entendía,
como todos esos fueron de pasada,
los pondré a remar dentro del mar de la espera,
dejándolos bien afuera.

Un día ya sin edad,
como ese cuerpo que solo gime,
te encontré entre mi soledad,
te miré diferente, soñador, amante,
con detalles de verdad,
fuiste mi selección,
para que en mi barca lleves el timón.
Llévame a tu altura
hazme sentir tu dama,
tu novia,
tu amante,
tú eterna amiga,
la pasión que abriga.
Ahora no podemos amarnos
porque el arca está con mucho calor.
Salgamos de ella,
porque me espera la pasión,
poniéndome tu mejor estrella.
No quiero más que una,
porque mi arca está llena
¡Y no cabe más ninguna!

El camino

Soy el camino que transciendes
como paloma por su blancura,
la palabra que no miente
aunque no mires mi espesura,
del río mira su creciente
que la lluvia provoca
cuando tus manos me tocan
me vuelvo candente,
manso y cristalino
si no me golpe la roca.
De mi cosecha fruto venidero,
precipitada entonces muero,
del arroyo estrecho fuerte desembocadura,
no soy árbol deshecho,
soy libre sin ataduras,
dulce como las cerezas
al saciar el deseo
hazlo con delicadeza,
de mi pradera desierta
yo estaré acompañada
de la vereda casi muerta
le llevaré mi enramada.
Soy dueño de historias,
hechos y destinos,
de amores con secretos,
llevo en mi memoria.
¡Porque soy tu camino!

El carrusel

Una noche de alegre algarabía
Mi función empezó temprano
Cuantos gritos que entorpecían
Gira que gira las penas en mis manos.

Doy volteretas insistentes
Escucho algunas que otras rabietas
Otros se ríen con risa imprudente,
Gira que gira mi mente inquieta . . .

Se sube una muchacha hermosa
Con sus manos me toca ligera
En cada vuelta se mira preciosa
Gira que gira pero que no se fuera.

Se acerca galante un hombre de sombrero
Lo miro un poco distante, es un caballero
Su mirada en mí como flecha clavó
Gira que gira, dio vueltas y se bajo.

Sobre mi se posan alegres y vivarachos
También se me acercan hasta las mariposas
Los que más molestan son los muchachos
Gira que giran y me ven preciosa.

Gira que gira alegrando vidas
Al niño, al joven, también al anciano
Las jóvenes me regalan risa de cascabel
¡Súbete a mí, soy el carrusel.!

El chín chín

(sonido de la lluvia al caer en un techo)

Mi amor
si estás en otros brazos,
piensa cuando estuviste en los míos,
se rompieron de amor muchos lazos
desatando sentimientos tardíos.
Romperé los ventanales
con piedras de mi pasión,
al insolente,
al intruso, que toque tu corazón.
Intenta si puedes,
si quieres,
vendrás siempre a mi mente
siempre que llueve,
porque la lluvia
es mi fiel confidente,
siempre recuerdos vienen relucientes.
Aquella tarde
entre el chín chín
de aquel techo de zinc,
de la cabaña cerca de la playa,
donde mirabas el reloj
y entre el goce no quería
que te fueras
y me pedías
¡no te vayas!
el sonido de la lluvia
en el techo
me hacia sentir
más fuertes los latidos
de mi agitado pecho,
queriendo salir.

¡Cuántas veces nos amamos!
y cuántas veces nos besamos.
Abrazados bien fuertes
salimos afuera,
la lluvia lentamente
sobre nuestros cuerpos
se tendía,
mis pezones se erizaban
por tu tibia cercanía.
Miramos a lo lejos
como la ola fallecía,
pidiéndole a la arena
¿por qué no me acaricias en mi llegada?
así la complacía
y no estaban tan solas.
¡Sentí pesar!
sentí rabia,
¡sentí tanto!
que mucho la comprendí.
Te miré en silencio,
miré tu pecho y me abracé a ti.
¡No te separes más de mi!
fúndete como ola y arena,
mar y el fuerte viento,
¡ahogas en el fondo mis tristezas y penas!

El gato

Perdóname amor,
por no saber entender
tanto como me querías decir,
al hablar de un gato en la oscuridad
yo lo vi. tonto, infantil.
Y tonta fue mi incapacidad.
Tanto amor expandido por aquella
alma virgen en su nupcial celestial
aun incapaz
en mi altar de esperanzas
te pudiste cobijar.
Nos albergamos en la oscuridad
de las apasionadas noches bohemias
en las tardes lluviosas sin carpas,
en las miradas de lejos, de balcón
con rejas altas, dentro de la pasión
de una fiera enjaulada,
queriendo convertirse en potro
salvaje para acudir al encuentro
desenfrenado
que corriéramos los dos, volar
en veloz carrera.
Perdóname amor porque no pude
elevar con la pasión, al miedo,
al terror a lo imposible
de aquellos nidos desechos
por nuestro precipitado andar,
Hoy en calma apasionada,
veo en la mirada de un felino
enamorado, que solo busca
la oscuridad con su amada,
Perdóname amor por no haberte
entendido en aquel tiempo,
El amor no se hubiera detenido.
por mi proceder incapaz,
podía junto a mi tenerte
¡amándonos en la oscuridad!

El lago seco

No te das cuenta
que estoy en calma
y mi quietud es controlaba
porque nadie me viene a ver
y menos entre mis pestilentes aguas
te puedo tener,
yo siento por mi profundidad,
pero asómate
a mi superficie donde verás
un cristalino ambiente
que te llega,
porque ese es el que me sostiene,
mira las ramas
que en mi se acomodan
y se bañan en mis aguas oscuras,
no tengo luz que se asoma,
pero si puedo dar
y calmar la sed a muchas gaviotas,
pajarillos y palomas,
los peces corren unos tras otros
y a veces los miro que se asoman
y su cosquilleo
hace que se revuelva
lo turbio de mi aroma.
algunos recuerdos guardo,
de amores
que junto a mi se han amado,
otros tantos se han besado,
olvidando sinsabores.
Ven junto a mi,
veras
bellas mariposillas
que a veces duermen en mi orilla
y las tengo que levantar
para que su vuelo,
vuelva a continuar.

No soy profundo como mar,
pero el paisaje en mi se refleja,
no doy la posibilidad
que mi agua, te sirva para tu nado,
porque me veras oscuro,
confuso,
aunque apestoso,
del mar estoy envidioso
¡Porque estoy desolado!
como un eterno lago.

El niño negro

Hay un niño negro
que llora,
sus manitas estrujan su rostro,
sus ojos piden algo
mirando al cielo
tal vez,
al claro y fuerte viento.
Hay un silencio
que se hace de momento
y lo baña un mar de lágrima,
que se convierte
en una hermosa fuente,
¡el quiere que los humanos,
lo tengan presente!
Hay un niño negro que llora,
pero se levanta y se detiene.
Toma en su mano la tierra,
él no comprende,
¿por qué hay quién no la quiere?
¿por qué tanta crueldad?
moja con su dolor al suelo,
su llanto es humedad,
¡él no quiere un mundo de duelo!
¡él quiere para su tierra felicidad!
El niño negro que llora,
siente un niño
que se acerca,
sorprendido
por la hermandad
sus ojos le han crecido de felicidad,
observa que no es negro,
que también llora y se lamenta,
¡besan sus lágrimas y se estrechan!
¡Ambas manitas!
¡se unen fuertemente!
¡esa es la unión!
¡que él tiene en su mente!

El reflejo

Déjame beber de tu fuente,
mujer,
no quieras saber
que escondo en lo profundo.
Sólo mírame y verás tu reflejo
y yo tengo sed.
Que mis brazos te acaricien
cual torrente dormido,
tu quieta,
yo amante
solo quiero beber de tu fuente.
Mira mujer, como corre
mi mansa agua
sin rumbo alguno,
por la vereda aquella.
No sabes que el sol,
es sol porque calienta,
que las estrellas
no brillan más que la luna
y de mi agua bebe ella.
Déjame beber
de tu fuente mujer,
que tu calor me cala y me quema,
la quietud de mi calma
siento que me llama,
que inquietas mi alma,
tu cuerpo en mi lo presenta
y yo fluyo como tormenta,
desde abajo siento tu aliento,
esperando ver caer tus ropas,
deslizarse como cortina al viento.
En mi agua que es tu espejo,
tu diáfana, cristalina.
Yo tu reflejo.

El resguardo de mi vida

Misterio,
que engendra mi mente
que mi alma lo siente,
que te toca,
que me provocas
esta ansiedad,
misterio que llevo en la vida
como una sensación sin medida
que me hace suspirar,
como gran necesidad
es mi gran misterio
el no poderte reflejar
como yo quiero amar.
Te siento cerca de mí
y no te puedo apretar,
porque como misterio
que palidece entre mis suspiros,
te crece
pero delante de todos
te debo ocultar.
Eres mi lucha y mi guía,
mi tesoro más radiante,
te llevo entre mis poros
ayer, ahora,
tal vez mucho antes
de mi existencia,
tú eres misterio que llevo
como un enigma en mi sangre,
que me hace descender
por las calles del universo
y por los desiertos puede que ande,
yo siento que te busco
entre guaridas,
entre cuevas,
entre llanos,
entre alturas,
y se bien que tu nunca estás perdida,

que nunca huyes de mí
porque caminas de la mano,
me llevas,
te siento en la suavidad
de una tierna mano,
y junto a tu fortaleza
es que mi vida completa
se siente siempre de todos
muy segura,
no importa lo que tú seas,
que seas el más oculto misterio,
ese que tanto
y dentro de mi guardo,
porque te llevaré
siempre en mi vida,
como mi eterno y fiel resguardo.

El silencio de mi pasión

El silencio de mi pasión
lo tengo prohibido,
debo decir sin demora
lo mucho que te he sentido.
Aquí, muy dentro de mi alma
tu imagen penetró,
dejándome toda tu calma,
¿qué si me llenó?,
claro, ¿quien lo dudaría?
Cuánto amor constantemente
con nuestros deseos locos,
hasta por los poros
nos salía,
tratamos de evitarlo,
pero fue en vano,
me hablabas
con ese tono tan suave
y seductor
entregando
en cada palabra
un latir de tu amor,
que en seguida lograste
que en mi cuerpo sintiera,
¡deseos de hacer el amor!
Me sentí floja por entero,
mis fuerzas me abandonaban,
sentí pasión
y un calor que me desesperaba,
al extremo,
que mis dedos en ayuda
me socorrían,
soltando la fiera que enjaulada tenía,
mi boca mordió las ansias
de que tú me tuvieras
y en esos momentos sentí celos,
porque vi un intento
de quererte abrazar
¡sentí tanto de momento!

y me tenía que conformar.
El silencio de mi pasión lo dejé escapar,
¡y me tuve que desahogar!
¿Qué si te sentí?
¡No quieras ver de qué manera!
sólo se que había sequía
y de momento,
un torrencial de lluvias con ansias,
¡que no me dejaba mirar afuera!

Emigrante

Hacia muchos años
que no veía el verde
d nuestros campos
porque sus ojos
estaban ciegos.
Quiso privarse
del sol nuestro,
de la altura
de nuestras palmas,
empequeñeció por entero.
Negó su existencia
como quien niega
a la madre
que te amamantó,
y caminar no supo.
Dejo atrás el valor
del humano,
de los que saben de amor.
No preciso la fuerza
en su cólera,
ni el tamaño de lo injusto,
se dejo llevar por todo lo vano
por todo lo abstracto
que rodea ese mundo,
y dentro de ese mutismo
se muere.
Hacía muchos años
que de su pueblo
no conoció su fortaleza,
ya es tarde,
sus ojos
han perdido nobleza,
no podrán verlo jamás,
por mucho que quieran mirar.
¡están ciegos por dentro!
¡ese es el precio, que hay que pagar!

En aquella habitación

Y fue
dentro de aquella habitación
donde todas nuestras emociones
se hicieron a la cabalgada
más impetuosa de la noche callada,
donde nuestro encuentro
se hizo pasión
en aquel bello momento
de nuestra entrega,
¡que sentir de doncella!
sedienta de amor
y de tantas noches desoladas
y sin poder hacer nada.
Nuestros besos fueron fuegos
entre la llama
de tu sedienta tez blanca
y mi piel morena te buscaba
como el agua la busca la azucena.
Me llene de ti
de tus desahogo de macho hambriento
y entre susurros de fuego
no podíamos esperar
que llegara luego
y era poco el tiempo para estar,
y nos sorprendía constantemente
la lujuria de amor desenfrenado
y en aquella habitación
de aquel hotel,
donde mis ropas
me quitaste cuatro veces
y quedaron sorprendidas
de tanto amar.

Fue tanto lo que nos dimos,
fue tanto lo que sentimos
que hasta el mismo cansancio
se hizo nuestro amigo,
miradas,
besos,
suspiros constantes,
delirios,
fuego de pasión ardiente,
era como si nuestros cuerpos
debían estar pegados
sin ser siameses,
¡que amor tan descabellado!
llegó el final inesperado
y decidimos partir
y ya dentro del carro,
nos miramos en silencio
nos dimos un beso de despedida
¡y nos volvimos a desvestir!

En el bolsillo

Me acariciabas el cuerpo
entre sábanas calientes,
mis labios rojos escarlata
dejaron sus huellas, impregnados en tu mente.
Besé tu alma, besé tu pecho,
besé llanuras, besé fronteras,
dije adiós entre las sábanas y su blancura.
Corrió mi mente veloz
entre prados con su espesor,
encontrando allí amor,
dentro de un follaje delicado.
Allí tú, como ese tatuar llevado
en lo profundo de la existencia,
una hermosa coincidencia
que existió entre los dos,
el color azul nunca en mi existió,
otro como ese azul cielo
que nos cubrió a los dos.
¿Recuerdas amor?
entre tantos pasajes
sólo uno, me quedó impreso.
El día en que nuestros cuerpos
se entregaban entre ríos,
alturas, montañas,
llanos, praderas,
cascadas,
¡hicimos el amor donde quiera!
¡hasta el Internet se vistió de gala!
Sabía que tu amor sólo mío no era,
porque había otra que te esperaba.
¡Cuánto te admiré!
¡Cuánto te deseaba!
Pero se me olvido decirte amor,
que en el bolsillo de tu pantalón,
mis medias negras.
Aquellas que me quitaste con la boca
¡en tu bolsillo te las llevabas!

En este mar

Amor,
vengamos aquí junto al mar,
que solo sea testigo de nuestro soñar,
toca mi cuerpo dentro de el
y hazme sentir que soy tu mujer
una y mil veces,
será tu cómplice
para que en suave vaivén
veras como mi cuerpo lo mese,
para que nos satisfaga,
dame tus besos
y no dejes
que dentro del el me vaya.
Este mar es nuestra vida
aunque a veces nos divida.
¡Ay amor mío!
tapemos nuestro cuerpo
con su agua salada
y veras que las penas
y sinsabores
en sus oleajes
han sido arrastradas.
Llévame al fondo
ponme sus algas marinas
veras mis deseos como corren
como el agua cristalina,
llévame a lo profundo
y demuéstrame tus experiencias
más excepcionales,
hazme sentir
que todas las pasiones no son iguales,
hazme olvidar
los temores que agobian al mundo,
sentémonos entre estas conchas
de color azul turquesa,
alivia mi dolor con tu grandeza,
dame de beber
de sus manantiales oscuros,

dime amor,
nuestro sentimiento es diferente
es como ninguno,
necesito que dentro de este mar
me confieses
si es verdad que tu me quieres
y así desnudos de cuerpo
y alma
decir que en todo nuestro existir,
este amor
es el que por sobre todas dificultades
esta lleno de verdades,
ámame entre su agua salada
y veras que cuando salgamos a la superficie,
no ha pasado nada,
este mar de nuestras pasiones,
démosle la bendición,
con la entrega de nuestros posibles retoños
y bésame amor mío,
ahora siento frío,
ya no interesa que vengan las tristezas
al ver caer las hojas del próximo otoño.

En mi ventana

En mi ventana,
hilos colgando de plata y seda,
la telaraña ahí se queda.
Ella no es rusa, ni gallega,
haciendo gran hazana
en su labor ella se entrega,
tejiendo con desconcierto,
observé con pesar,
que un hilo le quedó suelto
y no lo pudo empatar,
no es española, ni cubana,
ella hace lo que quiera,
porque esa es su ventana,
no se la vayan a limpiar.
Está sin nacionalidad,
sin pasaporte,
tejiendo caminos sin rumbo.
Pero con su pesar profundo,
nadie sabe tejiendo a dónde llegará.
Teje con colores inconcluso,
teje en blanco y negro,
su tejido es confuso
al pensar en lo que dejó detrás,
ahora me está empañando el cristal,
son lagrimas de sus recuerdos,
no te acerques que me la puedes asustar.
En mi ventana tiene empleo seguro,
nadie la podrá expulsar.
Ella es romántica,
¡eso lo juro!
Porque en mi ventana,
con sus lágrimas
¡un corazón supo grabar!

Enamorados

Tú eres la incógnita que apareces
entre el párrafo callado.
en las tinieblas de la oscura noche,
apago la pasión con mis manos,
en tu cuerpo arropado.
Despierto tus ansias,
aunque fueran las de un día.
Yo te amo aquí dentro,
donde hay luna y no es fría
su calor prevalece,
sobre una hoja muy quieta.
Mis suspiros tan apasionados,
tu pasión ante mi perece.
Yo te toco,
suave y con delicadeza,
refugio mi rostro en tu pecho de lana,
¡No es nada mi amor!
¡Eso fue una simpleza!
¡Bésame de nuevo!
¡Que me muero de gana!.
entonces me vuelves rima
alocada y sin melodía,
me fundes en tu cuerpo,
vacilas todas mis locuras,
entre muros que tienen sombras
mutiladas por nuestras fantasías.
Me aprisionas mi figura,
entonces es ahí . . .
¡cuando te apoderas de mi!
en la segunda entrega,
¡Y haces de mi vida lo que tú quieras!

Entonces amor

Cuando ya no sienta
este nudo que aprieta mi garganta
y tú dejes de ser
el ladrón que robas mis sueños,
de mis deseos cansados
de trotar con el tiempo
inefablemente exacto
Cuando yo deje de sentir
este frío lacerando mi transitar
de ensueños poblados
al olor de los bosques.
ENTONCES AMOR
Podré ya decir
que mi útero germinó
que las entrañas
corren como potros desvalidos
que todo dejó de oler a ti.
ENTONCES AMOR,
mi grito recorrerá el silencio
ese que con tu adios dejaste,
las imágenes quedaron sin esplendor
y el disparo de despedida,
se hará pólvora de veneno
ante esa mentira
tan maldita.

Entrar en tu mundo

Si lograra entrar
como deseo
en ese mundo
de silencio
que opaco y sin luz
ante tu ignorancia
unas veces lo siento
y otras lo veo.
Quiero tallarme
en tu lienzo humano,
con mis placeres,
los más sanos
sin que te lastimen tu adentro.
Sabes que son ancestros
que reposan en tu memoria,
entregándonos después
sus hermosas historias.
Entre escaramuzas vencidas
amaneció el radiante sol,
lleno de vida
todo orgulloso de sus hazañas,
con su arte al expresar,
sabes que hay historias al amar
entre la poesía,
también
es hermosa la melodía
en tus labios al besar,
cuando sin palabras
nos podemos amar.
Yo quiero penetrar
en tu mundo desconocido
que me dediques tus sentidos
en forma apasionada,
si hay que seguir en silencio,
seguiré callada,
¡el silencio lo vivo!~
para seguir siendo,
¡tu eterna enamorada!
¡Ay si en tu mundo, entrar yo lograra!

Entre el estar

Entre el estar sin ti
y el de cursar del reloj,
siento que penetro muy dentro
y me quedé
solamente en el sentir,
callar mis sentimientos,
apagar este fuego
que me quema tan dentro,
para así poder vivir.
Hay invierno entre mis noches
que me calman mis soles
de mañana,
yo sedienta espero tu regreso
y que no desaparezcan
mis ilimitadas ganas,
para sentir entre este frío
algo de tu calor,
yo no quiero
que te me vayas tierno y dulce amor,
vuelve a mi en las noches
de sueños,
cuando tal vez esté dormida,
despiértame que tú eres mi dueño
y siempre me dejarás vencida.
Yo te aclamo
entre mi profundo silencio,
el más tierno que se lleva dentro
cuando una pasión no termina,
ven que tú eres luz
de mi oscuridad,

que camina, cuando no te tengo a mi lado,
ven por favor mira mi sombra
en su pasaje tan desolado
y no se resigna
a sentir humedad y vacío,
ven juntemos nuestros dos cuerpos
y hagamos el amor por piedad,
entre súplicas te lo pido,
ya no puedo más,
¡seguir siendo solos amigos!
yo te amo,
¡esa es mi gran verdad!

Entre mar y cielo

Por qué no te puedo ver
como a los demás,
que llegan, pasan, dicen, hacen
y como mismo llegaron,
veo que se van,
tú eres diferente a todos,
no dudo que como humano
seas igual o parecido,
pero con tanto
cariño y amor
yo te miro
y te disfruto
como ese algo prohibido,
que sabes que no te pertenece,
pero es más fuerte que tú
porque hasta lo apeteces.
Otras veces siento
que tus pesares me entristecen,
para mi eres tú
como ese algo divino
que me llegas con el aire,
con la tierna brisa que me amanece,
que me hace sentir inspirada
hasta que anochece,
tú eres tanto para mi,
que por más que me pregunto
¿Quién eres tú?
y que yo no lo busco,
tú eres quien vienes
se que eres algo inalcanzable
que no podré tener junto a mi
como yo quiero,

pero lo que si me conforma
es que desde lejos
y en silencio constantemente te miro
te toco,
te abrazo
te mimo
y te hago todo lo que anhelo,
porque eres tú
la más dulce ilusión
que hay entre mar y cielo.

Entre mil amores

Entre mil amores,
quiero separarte,
porque fuiste el más apasionado,
excelso,
divino,
el extremado,
¡ay el más deseado!
entre mi pasar
ese que en mi anterior
ha marcado
vehementes huellas
dejando una profundidad,
esa que no se olvida jamás,
por muchas razones que intentes,
que no engañaste ni con la mente,
porque fue verdadero
siguiendo tus pasos
como tortura silente
que se refugia
también en tu abrazo,
llevándolo en tu interior
tan asolapado
dentro de tu virginal regazo.
Ese amor separé
entre los que pasaron
por mi vida,
no todos tuvieron cabida.
¡Ay de esos amores!
que pasaron por pasar,
no debieron de llegar,
por no dejar nada
y la nada, nada inspira.
Entre mil amores yo te separé,
fuiste el más tierno placer
ese que mucho se ansía,
y sólo quisieras
¡volver, volver!

llevarlo de guía contigo
porque aunque pasen los años
siempre lo sentirás tu amigo.
¡Ay mi amor!
yo te separé entre mil,
porque tú eres algo especial,
fuiste mi paz,
mi calma,
mi más puro ideal,
ese que no se idealiza en profecía,
lo materializas unificándolo
con tu cuerpo,
convirtiéndolo
en esa materia
que no se corrompía.
¡Sepárame mi amor!
si pudieras
entre mil placeres,
entre amor y derroches,
¡dedícame en recordarme!
aunque sea una sola,
la más
apasionada
soñadora,
bendita
y
¡salvaje de tus noches!

Entre nubes

Por las calles del sueño camino,
atravieso la sombra de tu figura
para que me lleve a tu encuentro,
y allí entre el tulipán que duerme
y la rosa que abre su existencia
te hallo,
allí donde las hojas secas
cobran vida,
Donde perece el cuerpo
por la fatiga
y el frío con su calma
es quien te abriga,
porque la nevada llega
con su crepúsculo
incierto.
yo te veo
con tu mirada perdida
buscando el cielo como refugio,
te provoco con la mía
llena de antojos y con ansias de siempre.
Recordemos el tiempo
que abajo termina y cuánto sentimos,
cuánto vivimos prendidos de la bagatela,
del instante que queda,
de las cosas triviales,
ahora que estamos en formas iguales,
¡Hagamos el amor en esta nube!
No te sorprendas
Si la presión atmosférica sube,
¡Amor, hagamos sexo!
¡Atrapados en esta nube!
Mira mi rocío fresco
como cae lleno de pasión
y en este laberinto de cielo,
¡Quítame este frío, por dios!
¡Mira que me congelo!

Entretejo

Eres como ese fuego
que quema mi cuerpo
y se expande,
te convierte es salvia divina,
que puedes calmar mis anhelos.
Tú calas muy dentro
y siento, que hasta me ardes,
¡eres luz que ilumina!
porque me elevas,
hasta al mismo cielo.
Te siento al penetrar como fragua
y mis poros destilan,
queriendo calar mis sueños,
sigilosamente me descubres,
escucho tus pasos
que dirigidos a mi
ellos se enfilan,
entonces con palabras
y acciones, mi cuerpo lo cubres.
Mi ego se enaltece con tus profecías,
apasionado aventurero,
me deshilas de ilusiones banales,
quedándome inquieta,
con una pasión irresistible,
dentro de esta madeja,
llena de enredo.
Soporto el espasmo
de tu silencio mutilado,
me quedo ilesa.
Entretejo ilusiones rotas
entre tus abiertos y fuertes brazos,
nos unimos fuertemente y
los cuerpos olvidan los despechos,
siento una fluidez de pasión,
de calma unidas en pedazos,
que se aglutinan,
como aves que se empecinan
en el nido fecundo,
de mi caliente lecho.

Eres

Eres el instante fugaz,
sincero.
El latir de un beso mañanero
fulgor de un corazón lleno,
eres calor que en frío añoro
la caricia placentera
la pasión que se entrega
en cualquier momento,
esa es la que adoro.
Eres brisa que llega con el tiempo,
calidez de la mañana
poniendo mis labios rojos como llama,
la pasión en ti que mata,
eres leña prendida.
Eres emoción que arrebata
el descontrol sin medida.
Eres por el celo la mordida
que te castiga constante.
Eres el abrazo sin desenfreno,
eres ola gigante,
eres inmensidad que abarcas,
eres egoísmo en la hembra
que te abraza,
preñez de impulsos errantes.
Con la cadencia armoniosa
en la música divina,
eres calor en la prosa,
en la rima,
musa cristalina,
eres luz que ilumina,
la llegada en cualquier puerto,
eres agonía que fascina,
¡al hombre vivo, al hombre muerto!

Eres eso

Eres el sol fresco que me baña,
eres rocío en mi pensamiento,
eres ese pesar mío,
tornándose en un lamento,
¡ay que eres todo en mi vida!
Eres del ciego la claridad,
resplandor, eres mi luz,
fuente de amor
siempre encendida,
eres pasión y eres mi calma,
eres mi fuego y eres mi llama,
eres candela que prende
Tú no eres la quietud
al llamado de mi cama.
Eres tantas cosas en mi vida,
si por ser fuera poco,
eres la ilusión,
esa que en ti provoco,
como el sitio al penal,
eres prófugo al llegar,
esperando su condena,
eres eslabón yo tu cadena,
eres sentencia que no espero,
eres el trinar verdadero,
del amigo que no viene,
eres paz que me sostiene,
eres el mástil más alto,
eres mi amor inconcebible,
eres mi placer más exacto,
eres la pasión más temible.
Eres rayo veloz
que prende el azul cielo,
por tu fuego me prendo
para no morir como hielo.

Eres tu

Eres tu,
aurora de un mañana,
sol que te fundes en mi piel,
carcelero de mis pasiones,
tormenta de mis locuras,
transitar de mis estaciones,
dosis de mis aventuras.
Calma de mi huracán,
necesidad de mi amar,
esperanza que no se van
tiempo irrevocable al pasar.
Lucero que me llenas de fuego,
ansiedad de un desesperar,
asombro que me llegas luego
amplitud del tiempo por llegar.
Amparo de mis cálidas ganas,
desahogo de mis pesares,
pasión que se engalana
augurios de malestares.
Presagio de mis delirios,
sueño que no culmina
tempestad fuerte martirio,
placer que lo origina.
Deseo que prevalece,
ansias que nunca fallecen,
tiempo que siempre es presente,
venganza que muere de repente.
Claridad que siente mi alma,
vergüenza que escondo en el infinito,
sensibilidad que llevo con calma
dolor que se torna en exquisito.
Ante el juego peligroso de tus besos,
volcán que siempre estás en acecho,
ternura que ofreces en mi lecho,
río caudaloso de mis embelesos.

Lluvia eterna del tiempo amigo,
viento enfurecido, en tiernos gemidos,
ocaso rojizo fuerte y penetrante
relámpago interminable de un cruel hastío
amante eterno que lo siento tan mío,
cautivador de mi vida, sin instantes
¡luz de mis senderos!
que ilumina mi vida,
¡Desde siempre te espero!

Es mejor así

Es mejor así detener lo nuestro
y pensar que todo fue un cuento,
de esos que se dicen por decir,
Pensar que lo que un día me elevó,
hoy lo debo bajar yo
de peldaños
mi alma no aguanta más daño
Esto fué un sueño con una triste realidad
que descendió.
Yo te subí amor allá en lo más alto,
donde el crepúsculo es mucho mas basto
y se une con el sol, allí ya no quedan fuerzas
¡estoy vencida amor!,
De soñar y soñar
ya es hora de que deba mirar el horizonte
y despertar.
Porque es imposible tanta entrega
sin que haya habido un rocío
de tu primavera,
se que es imposible amar a la soledad,
yo te he amado con tanta pasión
que está fuera de la realidad.
De esta que vivimos prendidas de la secuela
¡ya no te puedo amar más!
porque este frío hasta mis huesos lacera.
Este frío de llamarte invierno
cuando el verano casi llega,
Es mejor dejar pasar este tiempo de locura
y que cuando tu quieras venir al menos lo intentas,
ojala y no se vaya venciendo mi sentir
y que mueras en mi olvido,
entonces te darás cuenta
que al amor hay que llenarlo de dulzura
con eso se alimenta.

Dejaré pasar mi sublimidad no estamos en tiempos de vuelos,
no me busques más, dejaré que me cubra otro cielo.
He cerrado mi corazón
frente al tuyo que está de duelo,
vestido de negra mentira que no quiero escuchar más,
porque es la gran verdad.
¡No me amaste nunca,!
¡cuánto te perdiste!
¡no supiste lo que era beber de mi fuente!
¡hoy está tibia, mañana estará caliente!
y tu con tanta sed pendiente.
ya el agua no fluye con fuerza,
¡ya eso lo sé!
sale turbia, y si se aclarara,
¡Por la gloria de mis penas!
¡te aseguro!
¡que este amor que es tan mío!
¡tú te lo perdiste!
¡Más nunca tú lo ves!

Es tanta la distancia

¡Que inmensas las pupilas encendidas, cuidando mi abrigo!
!Y es tanta la distancia!
¡ OH tus besos !
¡hermosos como hoja fresca,!
besando y desarrugando mi frente y tu pelo,
fragua de fuego, siempre llama ardiente.
¿Dónde estarás dormida para velar desde lejos tus sueños?
Bendigo el día y tu vientre que en un suspiro
brotó como leña fresca, mi cuerpo.
Bendigo las horas de frío cual mañana helada,
cuando cuidaba de mí con tanto amor.
¿Dónde estarás ahora que mi presencia no te logra acariciar?
! Cómo suspiro y siento lo húmedo de tus besos ¡
¡Y es tanta la distancia!
que en tus cartas siento nostalgias
del beso que no puedes entregar,
¡ y es tanta la distancia !
que hay sinfonía lejana,
en la despedida que no me quieres dar . . .
¿Cómo abrazarte?
Si es tanta la distancia por recorrer.
Yo retrocedería nueve auroras para que me acunes,
¡Madre, en tu vientre me vuelvas a tener!

Ese alguien

Saber
que hay alguien,
que te ama,
aunque esté del otro lado,
que hasta te reclama,
y se quede callado,
pero tu corazón no te engaña,
cuando no está, sabes que algo extrañas,
sus palabras,
su acento,
su melodía al hablar,
su letra precisa,
que te hace sentir de momento,
un delirio pausado,
saber que ese alguien está del otro lado,
tal vez con tu nombre
mencionándolo en su boca,
aunque no te diga nada.
Sabes que le provocas en su sentir,
¡que nos hace hasta vivir!
¡Tener ideas locas!
ese alguien que espera
un encuentro contigo,
sin saber la manera.
Ese alguien,
¡tu amigo!
¡tu amor!
¡el silencio asolapado!
¡que no puedes expresar!
porque no está a tu lado.
Pero te piensa en forma segura,
ese alguien está enamorado de tu vida,
de tu figura,
de tu pasado,
con un presente,
que te augura.

Ese alguien,
que tal vez hasta te miente,
pero sabes, ese alguien existe,
¡tú lo sientes !
¡lo escuchas!
¡ hasta le desviste !
porque ese alguien te gusta,
¡ese alguien sabe que tu existe!
que sientes,
Amas, padeces,
hasta disfruta del verso,
de la poesía,
ves su nombre todos los día,
ese alguien, está al otro lado,
¡ese alguien lo sientes!
lo añoras y hasta lo suspiras,
lo llevas donde tú quieras,
lo amas de cualquier manera.
Ese alguien también te inspira,
hasta te alumbras con su luz.
¡Es hermoso tener alguien!
¡Ese alguien, mi amor, eres tú.!

Espera

Espera,
no te apures por favor,
deja entrar la brisa que la necesito
para respirar mejor.
Espera,
deja llenarme de su aroma,
déjame quieta
que hoy necesito la soledad
para suspirar con la fragancia,
para llevarla
con el deseo de comenzar.
Yo siento un llamado de mi conciencia
que implora a que amanezcas
entre ilusiones,
de un rocío primaveral.
Hoy espero que el día,
sea mejor que ayer
y así de tanto esperar,
se desesperan las ansias,
entonces
en forma caprichosa poderte amar.
Espera,
te lo pido si no es mucho pedir,
yo no te pido que cambies
el planeta de lugar,
te estoy pidiendo que me des
un poco de aliento
para poder llegar,
no se si es a ti,
a tu alma,
a lo que te rodea,
solo te pido que en mi creas,
que te brindo mi sentir,
y mis razones de exigir.

Si te pidiera apoyo
es porque te llevaste mis fuerzas
a la hora de partir,
me dejaste el alma abierta,
esperando tu regresar.
Ha transcurrido el tiempo
y no se dónde te puedo buscar.
Espera,
antes que lo olvide,
sólo te quería decir,
te tengo que dar las gracias
¡porque aunque te burlaste de mi!
la inspiración la provocaste,
me dejaste los mejores poemas
que he podido escribir.
Espera,
que en el espacio de mi soledad,
ese que quedó detrás,
te quiero aplaudir bien fuerte,
porque me enseñaste a quererte
dentro de la poesía,
me enseñaste amar al aire, al sueño
al espejismo, a la ilusión,
al amor que se expande
entre nebulosas,
y que se perdió un día.
No pude aprender otra cosa
viniendo de ti,
¡porque hasta la mentira la conocí!
¡pero ya ves, que hasta eso lo aprendí!

Esta es la razón

Mi única razón es amarte,
pero si no me das tu amor,
no voy a morir de dolor,
¡Puedes creer que no!
Estamos en tiempo de vuelos,
sin espejismos livianos,
yo te ofrecí mi mano,
te llevaste mi corazón,
pero el amor es de dos.
Pero esa no es la razón que hoy a ti reclamo.
¿qué si te amo?
¡claro que si!
como la nube viajera cargada de pasión,
¡que se desespera,!
Porque tu amor das a otra
y a mi, como si no me tuvieras.
¿qué no puede ser?
¡qué lástima que así fuera!
Yo te entregué mi mano,
para que no te cayeras,
y en la caída se prendió la ilusión,
Pero esa no es la razón,
mi razón es que te creí sincero,
que me amabas al igual que yo,
pero mi dolor no te importó,
yo por tu amor si siento celos,
esa es otra razón,
Sé que no es una virtud,
¿Pero qué quieres qué hagas?
¡no te das cuenta!
¡esta si es la razón!
¡Amor, eres tú!

Estado febril

Enfermo te encontré
sudando
de lo mal que te sentía,
¡te lo dije amor
que ibas a enfermar!
pero tú ni caso me hacías.
Te toqué la frente en estado febril,
salí en busca del jarabe antes de dormir.
Te analizo,
tanto pesar que los hago míos.
Esa tos parece que puedes estallar
pero al final,
yo se que te puedo curar.
Pienso en la pomada china
que tiene pintada afuera un dragón,
será el mejor remedio
que ira directo al pulmón.
Te resiste por su olor y no lo quieres,
pero suavemente te convenzo
y como quien acepta
a regañadientes,
me dejas encaramar encima de ti,
yo se que tú me presientes
y tu pecho empiezo a frotar,
siento tu piel caliente,
empieza mi mente a imaginar.
Tomo tu temperatura
dentro de mi boca,
siento la humedad con un poco de ansias
pero no de curarte,
es de amarme entre la calentura
de tu estado febril,
¡es inevitable!
¡se que me quieres sentir!
como loca, tiro el remedio,
me vuelvo curiosa,

¡es sensacional lo que se siente!
¡un volcán que dentro de ti quiere estallar!
¡con la misma fuerza de la tos al lanzar!
Tomas agua, despacio de mi fuente
y volvemos a empezar,
¡es tanto lo que se siente!
que no quieres terminar.
Dos cuerpos febriles sudorosos
empiezan a sonreír,
qué estado más hermoso
empezamos a sentir.
¡Te lo dije que con fiebre era mejor!
El remedio hizo su cura
nuestras ganas terminaron
en terribles locuras,
¡pero te curaste mi amor!
¡no hizo falta el dragón!
Porque tenías completa cura
en tu diosa criolla,
¡pero desnuda!

Están ciegos

Mis ojos no miran lo profundo,
ya no intento mirar más allá,
de lo que puedo,
ellos están ciegos
por no querer
ver de la vida
lo que tiene que ser,
no puedo por más que lo intento,
es un problema de mis sentimientos.
Están cerrados
mis parpados cansados,
ignorando este mundo
exijo sobre mis pesares
esos que toco,
con mis cansados suspiros,
ya el aliento me sale a polvo mojado,
por más que lo intento,
no puedo,
no creas que ésto
es por mi sentir exagerado.
No estoy vulnerando tus anhelos,
lo que si estoy haciendo
es suplicarle al amor
con todas mis ansias
que siga siempre dentro de todos,
de la forma que sea,
entre ese pecho
unas veces erguidos
otras deshechos,
por llevarlo dentro
junto a los cinco sentidos,
muy callado,
pero siempre sentirlo
para estar satisfecho.

Hoy no puedo mirar
el horizonte para qué,
si mi amor y sentimientos siento
que quieren correr al monte,
allí donde no haya nada
que se parezca a lo humano,
sentir el aire fresco libre y veloz,
que al pasar
besan mi mano,
lo siento golpear
suavemente mi rostro
en tiernas caricias
tornándose fresca delicia,
siento el cantar del sinsonte
que vuela tan alto,
Allí, me doy cuenta
que mis pupilas encendidas
de nuevo brillan,
se amanecen con la aurora,
pero de eso me doy cuenta ahora,
que es donde veo con claridad,
¡este es mi mundo!
el que prefiero sin desarrollo,
sólo con la naturaleza
sentir que me besa,
de sus raíces me alimento
porque soy como criollo,
y me abrazo a un tiempo lejano
porque aunque no quiero ver
sigo amando la libertad,
solo quiero entender,
¡que podemos ser, hermanos de verdad!

Este amor

Este amor callado
en silencio perpetuo
lo siento desolado
como objeto obsoleto.
Amor renaciente
fluidez sin camino
pasión ardiente.
¡Ay amor divino!
vive dentro de mí
contigo soy feliz.
Este amor cristalino
es fuerte como roca
que alucino en mi boca.
¡Ay lo siento divino!
cual torrente voraz
quémame, si quieres.
pero no demores más
te llevo enredado
entre mi cabellera.
Justo entras en mi cuerpo
ilusión que esperas
me baña un torrente
que llena mi mente
tu figura yo adoro
muy dentro de mi
¡ámame te imploro!
¡tu sexo es mi tesoro.!

Este amor loco

Yo te extraño tanto mi querer,
al despertar,
durante el día ese que transcurre,
entre pensar y pensar, paso el tiempo
y siento que mis manos duelen,
están vacías
y no te pudieron acariciar,
no te pudieron tener.
Yo espero entonces la tarde,
escuchando tu mejor melodía,
tocan mi puerta y corro pensando
que pudieras llegar,
me doy cuenta que estás lejos,
que aun no sabes
ni dónde resido,
¡este amor de locos, desenfrenados!
es el más bello
de los que vivo.
Es un amor de adentro de los que se ocultan,
en el sentir enamorado,
de los que necesitamos
para que corra el verso asolapado,
y pueda llegar a ti,
no me descubras y sigues en mi,
no importa que el físico no venga nunca,
lo importante
es que siento que me desvelas,
unas veces me duermes y otras me aceleras,
con ese ansia de amar
entonces es cuando te quiero ir a buscar,
y no importa dónde tú estés,
¡corre amor que siempre a tu lado me ves!
¡ven a mi encuentro pasional!

no te vayas de aquí dentro,
te espero siempre,
como ese sueño que en domingo
te quiere llevar a pasear,
¡ven amor de mi alma, no te me alejes más!
y duérmete junto a mi,
¡para siempre contigo despertar!
saber que brota de un interior difícil de rebuscar,
porque sólo tiene cabida,
en todos sus bellos tiempo el verbo amar
¡no te vayas ni un momento por favor!
porque sólo para vivir,
¡lo que necesito es amor.!

Este amor mío

El vapor sube a las nubes,
El humo sube y se va
mi amor está aquí dentro
yo no lo puedo evitar.
El sol quema.,se esconde
el aire te acaricia y se va
mi amor sigue aquí dentro
yo no lo puedo evitar.
El día transcurre rápido,
la noche calma al calor,
mi amor arde aquí dentro
yo no lo puedo evitar.
El mar llega a la orilla y se pierde
la ola viene y se va,
¡pero este amor sigue aquí dentro!
¡yo no lo puedo evitar!
Mira, deja que todo pase,
pero no me pidas este amor
que llevo aquí tan dentro
¡y no te lo puedo dar!
Si quieres . . . desgárrame el corazón,
que sólo así podrás arrancar
este amor que es tan mío,
¡yo no lo puedo evitar!

Este frío

Necesito la caricia de tu voz
el arrullo de tu acento
sentir aunque fuera un momento
sintiendo que vivo,
recorriendo parques,
habitando puertos.
Necesito tu palabra amiga
y talentosa
lléname con tu eco
para poder ver más
el rocío de la aurora
cuando es tan hermosa,
y que te salpiques
con la brisa de mi puerto.
Necesito
que me llenes de besos el alma,
que purifiques mis desvíos
dame de tu calma
¡y quítame este frío!

Este temor

Entre mis recuerdos tú,
pero a veces creo
que te he olvidado ya,
porque nunca te veo.
porque a penas pienso en ti,
casi no me recuerdo,
pero lo que si
no puedo olvidar,
es que no exististe nunca
como esa realidad perfecta
que la añoras y la piensas
porque sabes que está
dentro de ti
con esa inmensidad,
y que la disfrutas.
Sólo fuiste
mi más triste soñar,
porque ni en sueños
te pude besar.
¡Que triste!
El día se une con la noche,
y siento temor
de que en mis sueños,
tú vuelvas a estar,
el temor no es por soñarte,
¡el temor es por despertar!

Eterna viajera

No me hagas caso,
no miras que pienso
en todos aquellos momentos,
en que mi alma afligida
y en lamento,
se distanciaba sin medida.
Y siento que entre suspiro
se me puede ir las vida,
llegando el abverso ocaso.
Ahora te miro al pasar
siento tu cuerpo que fue mío,
me recorren sudores fríos
que me hacen razonar,
no me hagas caso,
déjame tranquila pensar,
que somos inquietos,
inseguros
aunque llevar la mente al pasado
lo hagas con cierto apuro.
Pero déjame soñar,
estoy contigo,
¿con quién más puedo estar?
No te das cuenta
que es de romántico,
querer tener alas para volar
y estar llevando
la imaginación
a un mundo sin razón,
sin querer despertar.
No me hagas caso
disfruta de mi lo que quieras
y deja mi mente correr,
siento que soy la amante
que a su fuerte pasión,
¡corre y se entrega!
otras divago,

y siento que a la vida me doy,
¡como amante y eterna viajera!
No me hagas caso,
hazme descubrir la realidad,
que sueño,
y que me siento amada de verdad,
al despertar,
¡entre tus apasionados abrazos!

Eternamente

No podré amarte en esta vida
me resigno
a no poderte sentir,
me resigno a no verte,
a tenerte que perder,
pero me resigno,
no como se pierde una batalla,
no, me resigno
Porque este amor
es tan fuerte,
que siento que puede
más que la muerte
¡y ahí es donde te podré tener!
donde nadie nos pueda ver,
sólo nuestra propia conciencia
y nuestro deseo de ser,
de ser el uno para el otro
sin medida
y como dos locos de amor
con la mente perdida
en el infinito placer,
entre la nebulosa,
yo seré la partícula
del misterio que se goza
entre rejas
con una pasión presa
en lo inmenso y grande de tu vida.
Me resigno a perderte,
¡con dolor pero decidida!
¡Pero te juro!
¡Por la madre de mis días!,
que en la otra vida espérame,
¡En esa yo te buscaré!
Para que disfrutemos de los placeres,
de las locuras,
de las alegrías,
este amor no pudo en la tierra ser,
pero tampoco tuvo sepultura.
¡gozaremos de este amor que es tan nuestro!
¡Y será para siempre vida mía!

Extraños ojos

A unos ojos que me miran
con pasión vehemente,
a esos ojos que me inspiran
los llevaré siempre
presentes,
impregnados
tiernos,
apasionados
que con mi pasión y delicia
a veces los miro
con suavidad
hasta mis labios
siento que acarician.
Tienen su verdor
como esa esperanza
tan segura,
la felicidad
siempre ellos me auguran,
llenándome de amor.
Hoy son azules
porque miran al cielo,
cuidándome constantemente
todos mis desvelos.
Mañana serán pardos oscuros
pero el tormento de mi amor
lo lleva sin mucho apuro.
Ayer por la noche los miré
y estaban pardos claros
era que a mi corazón
siempre le dará su amparo.
Al levantar
pude verlos parpadear,
entre un negro oscurecer,
había fuerzas en ellos
y entre la oscuridad vi.,

que sus ojos eran negros
pero con sabor a placer,
vino a mi mente
unos ojos grises,
amarillos,
como el color del whisky,
o el color de atardecer,
vinieron esos ojos extraños,
aquellos,
que me acompañan
¡Porque los llevo dentro de mi ser!

Fiesta de alegría

Hay un rumor que se escucha,
comentarios días tras días,
que el tirano se caerá.
este año o el que viene.
En unos habrá su alegría,
otros no dirán lo que tienen,
muchos rezando por la paz.
pero de que llegará, llegará.
Cuánto, pero cuánto dolor,
el de mis hermanos cubanos,
pérdidas de vidas en el estrecho,
la agonía de la madre en su pecho
siempre el adiós preso en su mano.
¡Que la injusticia se levante!
Entonces . . . ¡abra toques de tambores!
Terminarán los sinsabores
y ¡Cuba saldrá adelante!
Brotará la alegría del cubano,
su pecho se hinchará de victorias,
nos uniremos todos los hispanos
en una gran fiesta de gloria.
Colombia . . . a ritmo de cumbia altanera,
Venezuela . . . y su joropo, grita que grita,
Brasil . . . saca la zamba y se agita,
México . . . y su quebradita llanera.
Argentina . . . y su tango de Gardel,
Honduras . . . planta su punta candente,
Puerto Rico . . . la plena y salsa caliente,
Chile . . . . su cueca nos hará mover,
España . . . gritará tan fuerte su ¡Ole!
Uruguay, Guatemala El Salvador,
Paraguay, Panamá, y dominicana
Con sus ritmos llegarán después.
Entonces . . .
¡Cuba . . . bailará su caliente rumba!
y su rico sabor montuno.
Apretando en abrazos a cada uno.
¡Que la paz, a todos fecunda!

Flor amarilla

Lléname el cuerpo de besos,
ponle pétalos a mi alma,
dame el aroma
de mi flor predilecta,
lléname con todo eso,
y tu apacible calma.
Tápame con el lirio blanco
que desprende mi conciencia,
cuando te ama
añorando tu presencia,
y seduce entre olores tiernos
mis encantos,
te perfumaré tu interior,
con el néctar
del más puro amor.
Embriaga y aprisiona mi delirio,
¡no sientas temor!
elimina tu martirio,
envuélvete en esta pasión
y verás que te responde,
que siente y vive
ama y se esconde
entre suspiro y melancolía,
¡lléname de flores!
mis musitadas alegrías
y fúndete en mi
para que te enamores.
Mis fantasías sexuales
danzan,
entre multicolores florecillas,
ven amor no te demores
coloca entre mis senos
tu flor amarilla.
Embriágame lentamente
con su fragancia,
mira que
de placer están llenos.

Ponla en mi pubis que te llama,
quiere en su color
volcar su más tierno amor
porque
hay un fuego que te aclama,
quítala lentamente
con la pasión de tu boca,
lléname de fulgor mi mente,
¡ pétalo a pétalo!
¡suspiros entre rosas!
¡mira que me vuelves loca!
Desliz por nuestro cuerpo,
escapando blanca ternura,
arrodillo mi figura
¡como tu eterna diosa!

Fresa y chocolate

Mi fresa se cultiva
con el más esmerado tesón,
racimos
que caen colgados,
en mi balcón y entre rejas
para mi satisfacción.
Si te interesa
ver, cómo me gustan
y dónde la siembro
te la puedo mostrar,
si quieres llevarla contigo
te la puedo regalar,
yo la saboreo en forma jugosa,
es rico su sabor
y las mezclo con chocolate,
siento que es mejor.
Llega la noche,
me siento romántica e inspirada,
descubro un juego morboso
al pensar en tu mirada,
la deslizo por mi cuerpo
y entre deseos y deseos
correr entonces la veo
siento que hay un debate,
mi fresa con chocolate
corre entre mis senos
en forma tan zalamera,
quisiera que tú la vieras,
pero no te puedes antojar
si quieres con la boca,
entonces,
te la tengo que dar,
te doy mi fresa y hasta
siento que te es poca,
¡nos vamos a complicar!

quién dice que yo no quiera
todas sentimos igual,
pero si quieres mi fresa
te la vuelvo a entregar
¡cuántas veces quieras!
Sólo tienes,
que volverme a enamorar,
pero no es dentro de los senos
donde mi fresa con chocolate,
quiere esconderse,
para contigo jugar.
Ahí la verás perderse
en el lugar más sublime,
¡donde la podrás encontrar!

Fronteras de vientos

Siénteme en el aire que respiras,
en la brisa que se asoma,
en el beso que suspira
en la flor con su aroma.
Siénteme en el tierno oleaje,
en el aire temporal
siénteme entre tus ganas,
que yo mucho te quiero amar.
Siénteme en el silencio de esa entrega,
de tu amor tan cadencioso,
siénteme al caminar
cuando estés cansado
en la palabra que callas
por terco y desesperado.
Siénteme más,
cuando te llegue desde lejos
mi amante y deseoso reflejo,
al meditar tus estrofas delirantes
entre olas navegantes
que se van y que llegan.
Siénteme mi amor como ese aire
que parece que vuela
y lo hacemos más gigante,
siénteme todos los días
de cualquier manera, siénteme como antes,
¡no importa condiciones!
lo que entre los dos hubiera,
que haya tormentas
mal tiempo,
crecientes mañaneras,
no me importa nada,
ya en mi vida
¡sólo brota amor sin fronteras!

Fuertes latidos

Fuertes latidos
invaden mi existir,
quiero desaparecer
sin saber,
cuál es el porvenir,
porque me duelen
tantos los quejidos,
que me brotan del corazón
que no encuentro la razón,
al desconsuelo,
será que debemos,
acampar con alegría y dolor
debajo del mismo cielo,
aunque a veces creemos
que nos caerá encima,
sin mirar
que la tormenta se avecina,
en un momento para todos.
Aunque no siempre
lo vemos del mismo modo,
fuertes latidos
convulsionan mi pasión
de amante sigilosa,
ante la vida y situaciones
que a veces son escabrosa,
una reacción
de mi temperamento
se cruza,
con una inmadurez inconclusa,
pensando
que tal vez
la educación formara,
miro decepcionada
a todos los lados,
¡no encuentro nada!
¡nada que me augura seguridad!
¡Fuertes latidos, invaden mi privacidad!

Fugaz

¿Fugaz?
Este resplandor que me abraza,
que me transporta las ansias
en un fugaz correr,
me deprime,
me excitas mis noches
¡ya no sé para dónde coger.!
Mi mente escarba tus penas
saboreando la noche del sueño,
esas que al sentir tus manos
rozando mi virginidad,
sabrás que eres sólo mi dueño.
¡ Déjame ilusión fugaz,!
¡no ves que arde mi boca!
porque en mi silencio la muerdo
¡y sangra como loca!
¡por no poderte tener!
Debes entender
que es mucho lo que por ti yo siento
¡no es fugaz,!
¡es más que tormento!
¡que la propia agonía!
, ¡ay que pena con sabor de alegría!
haber llegado tarde a tu vida,
créeme que mucho lo siento.
Esto que por ti me apasiona
y que me lastima,
que me acelera que me nutre
y me origina este vivir.
¡ ay amor, yo quiero siempre de tu furor !
¡no me dejes de amar!
dame de la luz de tu mirar,
no me sentencies a la oscuridad
tú en mi vida siempre estarás,
llenando con tus antojos mi sentir,
aunque a veces creo
¡que ya no puedo mas!
¡este sentir mío no es fugaz!
este cala más profundo por dentro,
¡donde sólo para ti tengo amor y sentimiento!

Fundidos

Tu
Me amas,
me llamas,
me besas,
me disfrutas,
y luego me dejas
con un sabor que regresa.
Me tocas,
me abrazas
y hasta me llenas.
Me vuelvo serpiente
que en ti se encadena.
Yo soy la brisa celosa
de la mañana.
Vengo en silencio
con muchas ganas.
Temo despertarte
y no quiero molestar,
Yo solo deseo en mis brazos amarte,
y correr como loca
parar poderte apretar.
Saber que te fundes
dentro de mi piel,
Volverme celosa como una perra fiel.
No importa,
que me compares al animal,
Yo no soy gaviota
que sólo sabe volar,
Yo me vuelvo fiera
sin acorralar,
¡Pero en el amor soy lo que tú quieras!
¡Ámame esta noche!,
la pasión me provoca,
¡Deslizas por mi cuerpo!
¡tu amante boca!
¿No ves como tiemblo, sin poderlo decir?
¡Ámame, bésame, disfrútame!
¡Yo quiero dos cuerpos en uno!
¡Poderlos fundir.!

Fusionado intimo

No, rojos no es mi color preferido
te equivocaste en la selección
rojo es mi amor encendido
penetrando en tu corazón.

No me hables de tu mirada
y mira mis ojos cuando te besan,
no miras cuánta tristeza
habita el alma enamorada.

Dejas en cada latido,
suspirando de pasión
¡dame tu fuego ahora!
yo cuidaré mi corazón.

Con su color preferido,
el calor de tu mirada
yo te siento muy atrevido,
pero no me dices nada.

Dame tu sentir,
dame tus sentimientos
no te quedes en silencio
¡hazme a fuego lento vivir!

Soy tu figura seleccionada,
soy tu sombra fugitiva
la que te sigue mientras viva,
he de ir donde tú vayas.

Mientras que tenga un ápice de vida,
te acompañaré hasta en el silencio
más profundo que tú guardes,
¡ven pero no te tardes!

Te espero en nuestro aposento,
con las ansias bien despiertas,
que es hora de que te sienta
bien pegadito a mi cuerpo,
con estas ansias de amar
alimentando mí existir,
quiero tus ojos mirar
¡Sin la pasión de tu mirada!
¡yo no quiero vivir!.

Fusionados

No mires el crepúsculo vago,
sobre el dolor del pantano,
donde la naturaleza perece,
donde se pierde la dignidad
y el mundo cada vez más,
se empequeñece.
Mira a lo lejos
donde hay sol saliendo afuera
con su inmensa claridad,
donde se elevan las emociones,
enervándose las pasiones
como tiernos adolescentes,
mira allá,
donde la luz celeste
prevalece duradera,
donde crece la esperanza
como elevada palmera,
fusión eterna que no miente.
Virgen mi alma está naciente,
entre arrullos de volcanes pasionales,
tus historias medievales
figuran con tu piel
y mi amor ardiente.
Fusionado tú y yo
como ese pasado
queriendo siempre volver,
así siempre te he de tener
acostado en mi pensamiento
junto a mis deseos fusionados.
Si, como ese valle en pradera
que hermosamente se pierde,
fusionado como ese prado verde
que cruza por mi vereda.

Estamos fusionados
como tiernos enamorados
bañándose en riachuelos de ternuras,
así con esa blanca frescura
con la que siempre te he amado.
Fusionado están nuestros besos.
Nuestra pasión,
nuestro sentir
fusionados
nuestro vivir
prendidos de la confianza
de esa que en nuestra balanza
tiene un peso moderado
para podernos entender.
Fusionados si, junto siempre.
¡Como eternos enamorados!
¡que el amor los hace crecer!

Gaviota

Porque a veces siento que necesito
un paladar de risas
un salpicar de ecos
un transitar de sueños
que se golpeen al contraste
de nuestras diferencias.
Porque tu naciste después de mi
cansado galopar.. y te encontré
Gaviota incomprendida,
en tu constante revoloteo
me hablaste de tu religión
de tu futuro,
de tu tanto soñar
Y aclamé a tu dios para que fuera
el mío.
Pedí en silencio a tu sol,
para que nos quemara a las dos,
perdóname,
por no poder acompañarte en tu
vuelo,
porque en mi largo transitar
el aire no me alcanza,
sólo quiero que recuerdes que en un
pequeño nido,
¡está mi amor lleno de esperanza!

Gotas de rocío

Y las gotas de rocío
se convirtieron
en ternura y fragancia,
para que así el amor mío
te abrazara en tus andanzas,
sigue adelante y no te detengas.
No importa que tengas frío
yo con mi alma
te he de cobijar,
ven amor,
entra en mi interior
que tu cuerpo yo quiero besar,
quiero bendecirlo con mis alegrías,
con mis sinsabores,
demostrarte
que mis amores
no es,
amor de un día,
ven junto al rincón de mi pesar,
ahí te puedo esperar
con mis anhelos
más imposibles,
¡ayúdame alcanzarlo!
para que podamos lograrlo
sin mucha ambición,
te entregaré
mi corazón
y todas mis pasiones,
esas que guardo entre sensaciones
que me ayudaron a vivir,
¡ven amor!
y vuélveme a hacer sentir,
lo que sentí aquella tarde,
entre quejidos y quejidos
te entregué mi amor,

ese de adentro
el más consentido,
y con tanto sentimiento.
Y las gotas de rocío
se convirtieron
en ternura y fragancia
y así ese amor mío,
me abrazó en sus andanzas
y se detuvo junto a mi vida,
¡esa gota de rocío!
se convirtió
¡en una pasión fortalecida!

Guárdame el secreto

Mi secreto es cierto, mi secreto es muy sano,
te juro que no miento, yo no comento en vano.
Es algo maravilloso que sale de lo normal,
me penetra cauteloso en forma pasional.
Yo le hablo con dulzura con pasión que acaloro,
me alimenta la ternura, me abraza, entonces,
¡lloro!
secreto mío que llevo, en el cofre de mi vida,
a quien amor le entrego, con pasión desmedida.
Yo te daré la llave, para que abrir puedas,
si quieres saber la clave, no la doy a cualquiera.
si pierdes la combinación, sabré que no te interesó,
me dolerá la desilusión, al final no te importó.
Mi clave al final te la daré, no te preocupes tanto,
si tú bien lo sabes, que yo mucho te amé.
te lo digo en pasado, pensando en futuro tal vez,
no te preocupes amado,
yo sola fui la que amé.
Recuérdate de mi clave
. No olvides mi amor.
tampoco aquella nave, cósmica de esplendor,
no quisiste subir, sin temor a la altura,
te quise hasta morir, con pasión y locura.
La clave : ES.14.2.10 NC.
Mi vida ese día se fue, no se si lo sentiste,
o fue broma tal vez, de blanco me pusiste
la corona que besé. No se si lo sentiste,
pero yo si que lo sé.
Mi secreto compartido
hoy lo puse a tus pies, ¡fuiste mi hombre!
y sin saber cómo
¡así fue que te amé!

Hambre de amor

Esta hambre insaciable
que me posterga a ti
cada día aumenta
y se hace irremediable
llegando a convertirme
esclava de lo que siento,
no demores más amor
hagamos nuestro encuentro.
Qué sucederá si al correr los dos
por ese camino
que ya no es incierto,
con nuestras ansias
rompemos los obstáculos
y al final nos vemos frente a frente,
nos miremos fijamente,
tal vez diciendo
en un gesto inevitable,
que no puede ser,
cerraré mis ojos un segundo
al unísono con mis suspiros,
¡del placer de tenerte y no poderlo creer!
Corro,
me siento bien pegada a tu pecho,
te beso mil veces
en forma callada,
mientras te miro
tocando mis brazos,
mi pelo,
pasas las manos
por todo mi cuerpo
ambos
en silencio perpetuo
sin poder decir nada.

Una lágrima de felicidad
asoma a mi mejilla,
la saboreo,
esta es la más dulce
que he probado en mi vida.
Nos buscamos los labios,
despacio y sin querer
que llegue el final,
para limpiar la espera
de tantos agravios
y de tanto soñar.
Es un beso apasionado
de los que se entregan
los enamorados por primera vez,
los suspiros lo asesoran
pero ahora no me ahogan,
y en un vaivén de aliento
me dejo llevar.
Nos estrujamos las ganas
en un preludio sin igual,
ya los dos exhausto y vencidos
por la pasión
queremos llegar al puerto
y poderlo a travesar.
Las anclas juntos las tiramos
a la profundidad
del delirio,
tantos nos entregamos,
entre besos y deseos,
que ya en la superficie
de nuestras miradas
tu momento lujurioso veo,
¡es entonces, que nos amamos!

Hazme el amor

Quiero ser la brisa
esa que llegue a tu rostro
y te acaricia,
penetra por tus poros,
te suavizas,
tocando todo tu cuerpo,
yo me demoro
y siento mis deseos
que aun
en esta tarde de invierno
me acaloro.
De frío están yertos
mis pensamientos
para que tú
al respirar
inhales
a tus adentros
mis instintos pasionales.
Yo quiero poseerte
por dentro y por fuera,
como esa necesidad genuina,
que me inspiran los sentidos
e impulsado por mis latidos
Porque
¡soy la hembra!
¡la mujer!
que en sus poesía
te dice cuánto siente
por ti cada día,
sus palabras comprometidas
y en un decir constante
¡soy tu virtual amante!
¡quiero ser todo en ti!

prenderme en tu cuerpo
saber cuánto sientes
si no estás muerto
me puedas alimentar
estas ansias dementes.
Quiero mi amor tenerte
aunque sea en silencio,
aun sin hablar te siento,
¡hazme el amor!
¡aunque sea con el pensamiento!
sabes lo qué también pensé,
como es de esta manera,
¿por qué no lo hacemos otra vez?
¡cuantas veces tú quieras!

Hazme entender

No entiendo este mundo
el cual estoy viviendo,
en el que compartimos,
no saben de amores
y mucho menos
¡cuánto sentimos!
No saben de hechos en nuestras vidas,
que pasaron
y no entendimos
y que al final te suelen llevar.
¡No entiendo este mundo!
que te puede juzgar,
sin saber,
¡cuánto por amor,
hemos sufrido!
Es fácil llegar a la cuenta
y conclusiones sin sentidos
¡he ganado mil veces!
¡otras mil he perdido!
y al final te quedas,
con solo lo que has vivido.
¡Ay de los hombres!
que su dolor no conciben
y prefieren matar al amor
antes de decir
que su alma lo siente
y que lo vive,
su orgullo se aferra
y se aglutina,
entre hierros sus penas
la encierra.

Hombre feliz es aquel
que ama, padece y siente,
que grita
a los cuatro vientos su amor,
porque él mismo no se miente,
ama con pasión y ternura
llevando su sentir,
entre elevadas alturas.
¡Hombre ámame de una vez!
y hazme entender
de este mundo,
¿por qué es solo a ti?
a quien tengo que por siempre
y con todas mis fuerzas,
¡tenerte que querer!

Hombre

Cuenta los lunares de mi cuerpo
sin premura.
¡Hazlo lento mi amor!
¡Hazlo con tu dulzura!
Aunque después corramos
como potro salvaje en tu llanura
y quiera desbastar tu hermosa pradera,
Yo te doy todo lo que quieras
¡Ay pero es tanto mi sentir!
¡Cuánto de ti yo quisiera!
son tantas las imágenes
que me llegan del sueño,
este que contigo abrazo,
¡Que quisiera romper muros!
¡Paradigmas en mil pedazos!
¡Y que al fin me tuvieras!
—te propongo mi pacto
un poco lujurioso—.
dos imágenes en un derroche,
cerraré mi ventana, olvidemos afuera.
si es día o noche,
si alguien viniera,
¡unamos nuestros dos cuerpos!
en un sólo y único compás,
¡qué de mi vida no te vas más!
llena el vacío con tu imagen
del verdadero esplendor,
ese que reclamas,
piérdeme el respeto con tu coraje,
rápido me quitaré el traje.
¡Hombre, me muero de ganas!
¡Sedúceme todo mi cuerpo!
¡Dame tu valor!

¿Hombre dónde estás?

¿Dónde estás hombre?,
no necesitas esconderte,
ni cubrirte con un antifaz,
ni ponerte otro nombre
para que yo no te vea más,
mira empecemos por analizar
qué te crees tú para pensar
que hombre no es más que un ser viviendo
de recuerdos y de historias,
el hombre debe ser capáz
construir su propias memorias
esas que dejaras algún día.
Entonces
¿por que te escondes?
dentro de una fantasía.
Será tu vida, no es la mía,
yo no digo que no,
pero yo siento pena por los dos.
El que se disfraza
y el que no da el frente,
uno el cuerpo lo desplaza
y el otro ignora su mente.
¿dónde estás hombre?
¿por qué no me hablas?
dices lo que sientes,
no necesitas cubrirte
el rostro con antifaz
porque la neblina
a tu alma la envolverá.
No necesitas decir más
si estás impreso,
en el aire que te lleva
descubriendo tal vez
un destino incierto,

descubriendo continente
que nunca llegarás,
porque veras
que sus laderas las encuentra donde quiera
aunque te sude de calor tu frente
¿cuánta hambre recorre tu sexo?
que tienes que transitar praderas,
no miras que el alimento que nutre
no se halla por fuera.
¡Hombre sal de tu cueva!
¡lucha y construye!
el amor solo no viene,
la rutina a veces destruye
¡y la soledad a nadie conviene!

Hoy te sentí

Este es el tercer encuentro
después que apareciste a mi vida
y con las ansias perdidas
hoy es que te vuelvo a ver,
no se si te podré tener,
porque aun
no se nada de tu vida,
siempre que nos encontramos
es sólo amor lo que nos damos,
las palabras sobran,
pero hoy debemos hablar amor,
cuéntame de tu vida
yo sólo buscándote a ti,
eso fue lo que te prometí,
la primera vez
en aquella hamaca
cuando mirándonos nos amamos,
tal vez no me lo creíste,
pero aquí estoy amor,
dime ahora si puedes,
¿qué sentiste?
cuando me viste por primera vez.
Sentí que tú nunca te fuiste
que siempre estuviste dentro de mí,
también te esperé y sabes amor,
nunca me casé,
he tenido amores,
pero es porque han tenido que pasar
yo siempre te soñé,
siempre te quise esperar
y el motivo principal,
te lo voy a decir:

Fuiste mi primera ilusión,
mi primer amor,
no nos pudimos casar,
te casaste con otra
me tuve que enterar,
pero con la seguridad
de que algún día contigo
me volvería a encontrar,
porque hay cosas que tienen dueño
aunque se alejen de ti
deben regresar.
¡Abrázame mi amor!
¡pero hazlo bien fuerte!
¡qué volveremos a empezar!

Ilusa lágrima

Que brota de mis ojos,
cuando caen a mis mejillas
me molesta y siento enojo,
no debieron de salir nunca,
porque son sin sentido,
estoy triste si,
pero la tristeza es mía
con nadie la he compartido.
Me pregunto
¿por qué estoy triste?
mi alma me responde,
es que el corazón
sabe de amores pasados
que no fueron logrados,
dejando sinsabores,
que hoy se mezclan
entre lo salado
de mi lágrima al caer,
pero también lloro,
¡porque más nunca te podré ver!
tu fuiste la ilusión
que quise tener
entre mis más tiernos anhelos,
ya no estás en la tierra,
ahora mi lagrima se expande
hasta el mismísimo cielo,
donde descansas tú.
¡Corre ilusa lagrima!
y vete donde él,
te llenará
con el plateado de su cabello,
iluminando con su luz.
¡Corre lágrima ilusa!
no quedes inconclusa
como quedó nuestro amor,
riega con tu calor
su eterno vergel
allí donde él descansa
hazle con tu humedad saber,
¡que está dormido entre mi musa!

Imagen

Llegará la mañana
cuando ya el sueño acabe
y aun me dará tu imagen
la sonrisa más suave.

Suave imagen que alimento
y muy dentro de mi cabe,
con interés que yo siento
esa imagen tuya,
tierna, cariñosa y suave.

Imagen que transformo
en realidad,
cuando te veo
realidad que me hace amar
con más deseos.

Deseos que contengo
por no ahogarme
en caricias cuando te veo,
cuando siento que me amas
¡con pasión, dulzura y gran deseo!

Inevitablemente

Inevitablemente
fue así que nos amamos,
¡que fuiste mío!
Cuando te soñé tan inmenso,
Inexorablemente nos quisimos,
inefablemente nuestros placeres
quedaron entre sábanas
que estaban yertas.
¡pero fue tanto lo que sentimos!
que al tratar y tratar,
inevitablemente nos vencimos.
Atrapar no pudiste
la sed tan insaciable que tenía,
la ilusión quedó
terriblemente muerta
con mis ansias de momento,
tuve que esperar
que llegara el nuevo día,
para tratar y tratar un intento
¡que ya me aborrecía.!
No más,
¡no te puedo amar más así!
¡esto no es amar!
¡esto es saciar un deseo viril!
que mi corazón
admitir no lo puede.
No te das cuenta
¡que esto también mata!
¡y el amor al final muere!

Intuición

Yo intuyo vagamente
que tu recorres nuevos pasos,
sintiendo nuevos brios,
que cubres este breve espacio
cuando no estoy presente,
para darle entender
a otra gente,
¡que nunca tú fuiste mío!
yo descubro pequeñeces,
ensueños que se parecen al anhelo,
yo te pienso
muchas veces implorando,
pero no por mi amor
le pides a nuestro inmenso cielo,
pides con tanta ternura
que te pueda complacer,
sólo añoras la hembra
que te haga satisfacer.
Yo intuyo en mi pensamiento
que se ha vuelto muy fugaz,
que la pasión la llevas muy unida
a los cinco sentidos,
que ya no es conmigo
con quien tu corazón
quiere compartir,
¡vuélvelo de nuevo abrir!
si puede darle entrada
hazlo ya, por mi no lo hagas,
no detengas tus aventuras,
disfruta lo que te da la vida
y tus locuras
no importa lo que pasó,
ignorar
es posición de sabio,
de persona inteligente,

tómalo sin resabios
dejemos nuestras conciencias
bien purificadas,
es mejor que así lo hagas
¡aquí no ha pasado nada!
¿por qué entonces seguir pensando?
con el amor
no se puede estar jugando
y menos con los sentimientos.
Intuyo entre mi silencio
que tu alma juega, con otra,
un hermoso papel
en estos precisos momentos.
¡Déjame seguir con mi intuición!
que esa me acompaña
sin miramientos, sin condición
y sigo intuyendo,
¡que ya no estoy sintiendo!

Isla y mar

Yo isla, tu mar,
ese que me bordea todas mis orillas
me seduces constantemente
queriéndome acariciar
toda por entero,
me posees,
sabes que siempre te quiero,
junto a mi como arcilla,
barro imperecedero,
lodo por todo mi cuerpo,
que hasta siento que lo adoro,
tierra de colores
que renacen mis amores
¡ay agua salina que yo bebo!
asegurar yo me atrevo
que pausada no me ahogo,
al tragar
tu eres mi desahogo,
limpiando todas mis penas y heridas
convirtiéndola en furtivas
¡ay como te quiero!
¡ay porque te adoro!
hasta mis débiles venas
se revelan en tu azotar constante
¡entonces te quiero odiar!
¡pero no puedo!
te amo más que antes.
No te preocupes
si hay un mal tiempo,
de ti no me voy a despegar
mi fortaleza lo podrá soportar
¡ay de tus furias!
de tus noches de vendaval,
de aciclonados temporales
juntos debemos estar.

Tú me cubres toda
en mi queda el soñar
porque yo, soy tu isla
tú eres mi mar.
Conviértete en todo lo que yo quiero,
mi cálido respirar
de mis mañanas tempraneras,
mis tardes tibias,
este sol que nos quema
en su adios al pasar,
¡ay esas noches al cabalgar!
quiero siempre que me ames,
que cuando yo te llame
en ti me pueda refugiar.
Y si en tsunami te conviertes,
abárcame toda,
tu pasión no miente
los cimientos son fuertes,
¡mi amor, a ellos no los podemos olvidar!

La cama

Mi cuerpo entre almohadas
sintiendo tus olores,
esos que me abrazan
recordando mis amores,
siento nostalgia de besos,
¿No se qué es lo que me pasa?
El no poderte sentir
juntos a mis sábanas heladas
yo quiero tu cuerpo varonil
que me hechices,
con tu tierna mirada,
que me ame hasta más no poder.
Todo lo puedo entender,
pero que tú no me ames
eso si no lo podré jamás comprender.
Tirada en mi cama,
siento que mi cuerpo no reposa,
pensando en ti,
como mi presa carnosa,
se aglomeran los pensamientos morbosos,
aprieto las sábanas
como enemigas,
porque no te supieron atrapar en mi lecho,
no miran como te añoran mis carnes,
mi sentir
y lo mucho que se me oprime este pecho.
Mi cama huele a tu piel,
a tus codicias,
tus encantos a granel
siento en todo mi cuerpo tu placer,
placer divino que me envicia,
¡queriéndolo volver hacer!

La cara que no se ve

¿Por qué eres tan despistado?
tan así,
¡que todo te da lo mismo!
no das importancia a nada,
porque para ti la nada no existe,
pero al todo lo ignoras,
piensas en el ahora
como si fuera el último por vivir,
viviendo el actual al máximo,
nada admiras que no puedas tener,
valoras la fuerza de los pensamientos,
de las palabras unidas
a los más nobles sentimientos.
Te sonríes de todo a tu alrededor,
como un ente que transita
alimentándose del aire,
de la simple brisa que te susurra
al caminar, de lo que necesitas,
si chocas con alguien
pides disculpa en silencio
y sueles continuar.
¿Por qué tu naturaleza es tan inhumana?
Habrá quien te diga,
¿qué te hace diferente a los demás?
¿Por qué no escuchas lo que te dicen?
¿no miras al que te ve?
¿no hablas con el diálogo abierto?
Ese que brota sin cesar,
donde nace el amor que va a comenzar,
¿Es que acaso no sientes nada por dentro?
¡porque te dañaron tanto los humanos,
que te rompieron el sentimiento!
Hoy aprendí contigo,
¡amarte tal como eres!
y no me importa tus diferencias,
eres lo más divino que he conocido,
eres mi amigo,

ese que llevo en mi silencio
que no quiero mostrar a nadie,
porque convives conmigo
desde mi nacimiento,
eres mi otra parte
que aunque doy ánimo,
tengo mis desalientos
que no muestro nunca
para llevar el alma,
siempre fuera del lamento.
Tu eres la cara falsa
que a veces dejamos atrás
y escondemos,
porque siento
que ni yo misma a veces la entiendo,
a veces no te quisiera ver más
¡qué bueno, te comprendo!
el por qué siempre estás tan escondida,
porque eres la parte que nadie ve,
que nadie muestra,
eres de la realidad, la crueldad
de la injusta vida,
eres de cualquiera la parte negra
hipócrita y negativa.

La cascada

Como el ángel blanco,
el de caídas seguras
me susurras y me tocas día tras días
llenándome de tu blancura.
Vienes cautelosa
siempre de prisa,
siempre furiosa,
de la roca estas insegura,
choque lleno de celo y bravura.
Mi ángel viene desde lejos
como cayendo del cielo,
con fuerte presión,
con llantos y anhelos,
que yo desde abajo,
siempre le espero,
aunque húmedo esté mi corazón
con el ansia entre brumas,
lleno de burbujas de pasión.
Yo busco sus huellas,
sin ver lágrimas en sus mejillas,
es rocío de amor que destella,
salpicando hasta la orilla.
Mi ángel me ama, yo lo siento.
me desnudo de la pena
porque siento que me llama.
Es la divina caída a la que vivo condenada.
es el alegre lamento que veo en su mirada,
y me llena de besos el alma,
cubriéndome todo mi cuerpo,
mi divina cascada.

La computadora

Este vicio,
de saberte y tocarte,
porque sé que existe,
que me colmas los instantes,
me sacias e impulsas
los momentos tranquilos
sin arranques.
Me haces peregrinas
de imágenes muy parecidas al sueño.
A las que con afán persigo,
un nombre, un dato, un amigo,
algo que me guíe para tenerte,
no entiendo de espacio ni de tiempo,
¡Perdóname lo siento!,
¡Porque quiero tenerte conmigo!
A la caída de la tarde me dosificas,
En las noches me apasionas,
contigo vuelo, hasta me exitas.
En el agradecido amanecer
mis brazos y dedos te tocan,
y te vuelvo a tener
hasta que me sofocas.
Siempre en acecho,
de mis ojos siempre te apoderas,
esa palpitaciones dentro de mi pecho.
Quiero huir, pero siempre me atraes,
te conviertes en cómplice ligera,
mi mente la envuelves,
unas despacio, otras me aceleras.
Tecleo ideas no tan abstractas
y que los demás en mi crean.
Cuando menos lo pienso,
me refugio llena de quimeras.

Entonces es ahí,
me tiendes tus redes,
me quitas y me pones sueños,
me haces niña y me engrandeces,
me animas,
y otras me entristeces,
haciéndome volar
sin sacar boleto,
me conviertes hasta
en la alegre viajera.
que llegar quiere a su dueño.
¡Hasta siento que tú me adoras!
al ver la realidad, ¡qué loco sueño!
Me desvanezco, ¡no te puedo abrazar!,
Porque ante mi, tengo,
¡mi fría computadora.!

La duda

No hables con la vil hipocresía,
no digas palabras injustas y vanas
no digas que el carácter no congeniaba
no hables por hablar era que ya no me sentías
que yo exigía y que era variable
que nuestro amor no fue suficiente
que de las carencias tú no eras culpable
que mis caricias no eran las de siempre
yo te amé de cualquier manera
yo te adoré como a ser humano
yo en tu vida puse primavera
yo para ti fui un simple verano.
Sacié en ti la idolatría
por poco me vuelves loca
fui leña que por la pasión ardía
y fuego que ya no te provoca.
No hables por piedad no,
no inventes
te amé apasionadamente
esa es mi gran verdad
para después decir
"Yo mucho lo siento,"
Es de cobarde
quedarse ante una mujer
en puro lamento.

La estatua

Lánguida perlada gacela
pareces como asustada.
Divina concha nacarada
paloma blanca que vuela.
Buscas en el fondo y miras
un sinfín de alma
que por su dolor suspiras,
algo que te puedan decir,
pero no encuentras nada,
Nadie te quiere percibir.
en tu palidez impregnada
como magnolia quieta
miras abajo no encuentras nada
solo arcillas que se agrietan.
Yo he tejido de mi vida
más de una ilusión,
me han puesto en un rincón
donde mejor me miran.
me cargan y me sostienen.
Aquí me ponen y me quitan.
he llamado atenciones,
mi palidez como el ébano
me hace sentir exquisita.
Es claro mi palidecer
largas noches sombrías
nadie me puede entender
esas son rarezas mías.
Unos ven mi belleza
otros pasan indiferentes
yo sigo con mis rarezas
no quiero mirar a las gentes.
Elaborada por el hombre,
su mano mi cuerpo moldeo
de distintas aleaciones
teniendo yo mis razones,
y lo digo no te asombres.
¡Yo siento a todos!
¡porque el hombre me creo!

La flor

Yo se de una flor
con colores encendidos
como el color de la sangre
que engendra el botón.
botón que nace
que da la vida
que le da aliento
que le da amor en todo momento.
Ella está prendida con raíz,
se bebe el néctar de la naturaleza
y después da más,
da la risa,
da el placer no sólo
el que perfuma un cuarto
al amanecer
esa flor esta ahí,
calmando el dolor al alma
que se oprime,
cuando de injusticia se trata
da más entonces,
y recobra vidas
cuando un pétalo
agitado por el viento,
cae y no se rompe,
esa flor que siempre está
en todas partes,
en todo lo bello que forma la vida,
no como adorno en el búcaro de barro
o en el de cristal,
esa flor de color rojo encendido,
que nos baña con su perfume
desde el amanecer,
que para dar es mucho su amor,
¡esa es la mujer!

La gran mentira

Cuantas veces
no se ni a qué le escribo
y siento un llamado tan fuerte
que me hace acudir
a lo profundo de mi mente,
para ver dónde la musa me lleva,
se me escapa un leve suspiro
y me veo ante el lienzo blanco
que acaricia mi mano
hasta donde ella quiera,
porque mi pluma corre
como encantadora damisela
que se queda por un camino sin final
y a veces siento
que no se a dónde quiere llegar,
transita recuerdos
que aun están abiertos,
me detengo sin poder parar.
¡Corre pensamiento mío!
tú puedes hacer de tus libre albedrío
lo que te venga en gana,
corre dale rienda sueltas
a tus profundas y premeditadas pasiones
que con tu escribir
ellas se engalanan
de sus placeres,
que puede que sean los míos,
sube montañas,
qué importa si es muy alta,
a traviesa muros,
descubre puertos,
desciendes desde lo alto
y dime qué sentiste allí,
si hay alguien que sufre de pena
o sus ideales están descalzos,
dime de sus espantos y soledades,
dime más,

cuéntame si en tu transitar
pudiste tus inquietudes desarmar,
dime qué viste allí,
donde la vanidad no cunde al alma buena,
¿qué siente esta humanidad?
que poco se le da
y está tan perdida,
porque todo se le niega,
sigue diciéndome y cuéntame más
de allí, donde la necesidad abriga,
al niño de hambre se le castiga,
al joven se le limita,
al anciano que tanto cuidado y amor necesita.
¡Me duele mi mano!,
Termino mi lira
mi alma asustada
que sin respuesta a todos mira,
me duele que mi poesía,
no resuelva nada
porque me doy cuenta,
que el mundo carece de afecto
que si no hay amor
¡todo resulta una gran mentira!

La gran puerta

He traspasado el umbral, me detengo,
y se abre la gran puerta de mi vida,
donde no todos penetran,
en donde a oscura hallo lo que busco,
mis frutos que con pasión sostengo.
A los que un día dejé detrás,
sin saber, si los volvería a ver.
Quedando como árbol que sólo florece
en medio de una real adversidad,
Y partí al norte respirando
el aliento de mí último suspiro.
Yo los protegí de sueños alentadores,
llenos de alabanzas nuevas,
me llenan de orgullo cuando los miro
para que los agasajen los clamores.
Ahí están mis puntales de roble y acero fundido.
De batallas ardientes en medio de océanos
y de valles desiguales.
volando con mis premuras,
elevando sueños de grandes alturas
un rescate a rumbos irreales.,
nunca una lágrima me sirvió de acicate,
solo la seguridad de mi fuerza bravía,
era la vencedora de la cercanía.
Mis veleros yacen como naves seguras,
timoneé con mis fuerzas en medio de tempestades,
llenándose de mi bravura.
¿No los ves?
Son mi existencia y la energía
de un pasaje que no tuvo regreso.

Ellos fueron parte de mi melancolía,
del pasado que quedó deshecho,
que supe levantar con alegrías.
He puesto mi buena moldura
sobre sus hombros preparados,
con el cincel de mi amor tallé sus figuras,
siempre el consejo certero que nunca les ha faltado.
Les doy calor con el fuego de mis manos
los abrazo, los mimo y los adoro,
¡Porque mis dos hijos son, mi mayor tesoro.!

La lluvia

Ella toca silenciosamente a mi puerta
quiere mi habitación compartir,
es un jugueteo contagioso
entre la lluvia y mi amor.
Excitas mis deseos reprimidos, yo no la dejaré entrar
la soledad hoy es mi amiga
y con ella yo debo estar.
¿Por qué juegas y alborotas este fuego dormido?
Si yo no te dejo entrar,
más cruel eres tu conmigo.
Tu vienes y te vas en forma caprichosa
y mi amor,
!me quema muy dentro!
ardiendo en soledad tediosa.
Por la noche . . . si tú pudieras bajar
salpicarías dos cuerpos tiernos y sin frío,
¡pero aunque me complazcas!
¡no inundarás este mundo mío!.

La nube y el sol

Debilitado el sol quiere irse a dormir
Pero sabe que hay una nube que no lo deja ir.
Quiere apresurar el tiempo y desaparecer
Esa nube atrevida se ha enamorado de él.

De la luna, es su eterno amante fiel.
Hay un presagio que no se puede romper.
Solamente lo pueden unir el eclipse total.
A la nube no le interesa, le da igual.

La nube que se siente tan sola y cargada.
Desea hacer el amor, aunque fuera apresurada.
Ella le regala suspiros tiernos desde lejos,
Que llegan con calor con cálido reflejo.
.
A la nube hace mucho que le apasiona
El inmenso resplandor de su amigo el sol.
Ella quiere aprisionarlo ahora
Sólo instantes y abrirse como aurora.

Le envía mensajes, hasta en túnica morada.
Desde lejos ve acercarse a su amada,
Los esconde para no causarle dolor.
La nube al sol le quiere regalar

su concha perlada que va a estrenar,
El sol temeroso del galanteo otoñal
Sabe que la luna está por llegar.
La nube furiosa por tanto calor recibido,

no pudo aceptar su partida,
Enviando un fuerte aguacero
Que pudiera limpiar su herida.

Decide irse sin mirar atrás, y la luna no llega,
La nube le envía gotas del más puro amor
¡Que él no puedes más, con tanto fulgor!
¡dejando que la nube lo bañe con su entrega.!

Al fin, termina el teatro del amante sol.
Sale la luna conversan un rato.
En ese cambio hay un roce de amor.
Sabe que su caballero con la nube
fue galante, no conoce de maltrato.
¡Pero no sabrá nunca, que fueron amantes!

La otra parte

En cada poema estas
ligado a mi vida
como necesidad
en cada cosa que miro
tu recuerdo está conmigo
en cada gesto que observo,
te recuerdo
constantemente
en lo más insignificante
que mueve la vida,
porque eres sombra con luz
con la brillantez capaz
de opacar los mejores momentos
que trato de hacerlos bellos
y es que fuimos una vez
Indisolubles,
como siempre pasa
y al correr los años
sigues siendo
la otra parte,
¡qué tanto me falta

La palabra

La palabra en mi boca
Se torna como roca.
Frases, hechos, historias
que mueren en una leve mueca
a las que todos le llama sonrisa.
Y tu ahí vegetando con el tiempo,
señor impecable,
torcedor de horas
que tiene la última palabra.
Hablando de la palabra,
la palabra amiga,
la palabra enemiga,
la palabra amor,
la palabra dolor,
la palabra odio,
la palabra rencor,
la palabra precisa,
la palabra injusta,
la palabra hueca,
la palabra inconclusa,
la que se hace indecisa
cuando brota de una boca
¡que el alma la tiene muerta!

La piedra

Donde culminan las historias,
quedando sombrías
de diferentes formas y maneras,
esculpidas, talladas, molida,
con imágenes que hablan de sueños
de hechos y delirios fusionados
tendré mis anhelos
tendré siempre mi pasado,.
ahí donde mi existencia parece de la nada,
vengo desde lejos entre pirámides,
castillos que se convirtieron en grandes moradas,
inspiraciones de poetas
porque he sido deseada.
Estoy desolada casi deshecha
por cualquier lugar,
pudiera decirse que abandonada
pero habrá quien me quiera cultivar.
El cincel ha calado de mi vida
mi mas dulce sueño amado,
El cincel se lució y junto a la playa
elevó todos mis tonos
junto a la palma me desnudó.
Qué decir de la mano del humano,
me ha llevado donde quiera,
ha hecho de mi, lo que ha querido,
su amor, su pasión, su placer
llevándome hasta como resguardo junto a el.
Sólida viajera que estoy en cualquier lugar,
en tu camino, en tu transitar,
en el basurero más sucio que haya,
en la orilla de cualquier río, en una vertiente,
en cualquier playa.

En los jardines florecidos,
en los océanos, praderas,
llanuras, montañas, veredas,
mares, cascadas,
en la noche oscura me siento desolada.
En edificio casas cubriendo vidas,
hombre, mujer, ancianos y niños
Este me da poco de su cariño,
me atrapa, me da calor,
me lanza y no me abraza,
tampoco me da amor.
Ahí desolada sigo
sin poder ser hiedra,
me encuentro contigo yo,
¡Hasta imágenes te doy!
No te imaginas quien soy,
¡pero sigo siendo la piedra!

La roca y la ola

Es noche,
como ola fugaz que llegas
me chocas y te pierdes
la partida es sin rumbo.
Yo soy la roca prendida
enterrada en lo profundo
me golpeas el alma
en un jugueteo inmundo,
con una fuerza tenaz
que te alejas
pero vuelves
la ternura me aproximas
descargas tu ira
toda tu pasión
te me vuelves volcán
casi en erupción
te miro cuando te avecinas
en la cristalina mirada
de tus ojos
veo un destello
que calman mis enojos
¡no quiero que te vayas!
Yo me miro en ellos
la roca se vuelve arena
llevándome la ola de nuevo
a sus benditos antojos
¡el día llegó amor!
Eres ola que suaviza el sol
en tu ternura me duermo.

La subasta

Allí tu calculador de fieras,
de monedas baratas,
con inquietudes mundanas
quitando anhelos,
quitando esperanzas, restando mañanas.
Ahí me subastan mis mieles,
mis carnes morenas
que su pasión la abrasa,
mis placeres.
Tu como aquel peregrino
que andas taciturno en busca de amores,
de lugares nocturnos,
sin precisar destinos
me miras en silencio,
con fuego que abraza mi piel
y casi te adivino,
se eriza con tu andanza
no puedo más que rendirme
porque me subastan,
como si fuera un papel
¡Cómprame ya!
¡no te das cuenta lo que por mi alma pasa!
¡no te das cuenta que desde que te vi!
de tus ojos y boca me prendí,
¡cómprame ya!
llévame junto a ti,
déjame adiestrada,
¡amárrame a tus pies!
¡no ves que de amor estoy condenada!
¡cómprame por favor!
sólo te pido no me miras más
¡dame un poco de tu amor!

y descubre mi cuerpo
que te pide,
¡que me compres ya!
Comprador en subasta,
saca la moneda, y ponla en la mesa,
mi cuerpo te mira en silencio
¡tu boca en silencio me besa!
Yo tengo que ser vendida
porque soy esclava de la pasión de mi vida,
esa que nunca acaba.
¡cómprame no me tendrás, que seducir!
mis ansias te las quiero hacer sentir.
Con monedas o sin monedas
yo quiero compartir, mi vereda
¡quita de mi pierna el eslabón !
¡yo sabré poner el mío en tu corazón!.

La Venus de Milo

Yo estoy sentada
sobre el reposo
de tus inquietos años
y tus anhelos me retan
a levantar.
Mis cansados huesos
quieren mirar al futuro,
pero no pueden despojar
el pasado,
porque me pesan,
de tanta plegaria
que llevo acuesta.
No porque esté quieta,
figuro como estatua,
porque las estatuas
no sienten,
y no saben reír,
ni sería una estatua perfecta,
porque cualquier cincel
por nuevo que fuera,
no mordería lo profundo
de mis formas y pensar,
y yo te pienso,
te siento
casi perfecto,
como ese ideal
que se lleva al lienzo fino
en óleo sagrado,
mis contornos femeninos
se nutren
y se confunden,
sin estar preparado
lo viril de tus gestos,
sin ser yo
la Venus de Milo.

Eres más fuerte,
tu fortaleza de espíritu
me hace poner de pie,
me retas,
me seduces
me condenas,
al final yo siento,
que nos mide la misma altura
a la que elevamos,
¡nuestros hermosos sueños!

La vida no perdona

¿Cómo tú pudiste?
es lo que no concibo,
es lo que mi alma no entiende,
¿cómo no recordar lo vivido?
¿cómo borrar esto que mi alma siente?
yo no te exigí riquezas,
no te exigí tiempo.
te daba mi nobleza
la que está hoy en lamento.
¿cómo pudiste cerrar la puerta?
cuando te creí, casi sin conocerte,
dejando mis ansias como muerta,
Queriendo aun, así tenerte.
Yo no hablo con adornos ni rituales
ni te puedo hablar con ironías,
¿pero es qué las personas son todas iguales?
yo te separé a ti con mis alegrías.
Te puse en mi clamor,
en mis penas,
en mis ausencias al dolor,
en mis metáforas,
mis poesías,
en todos mis sentidos, hasta eso hiciste.
¿Por qué entonces te me fuiste?
como quien sopla una hoja al viento,
sin pensar en mis mañanas, en mis tardes, en mis noches,
todo lo que llevo de ti en mi pensamiento.
yo no exigí riquezas,
apenas tiempo,
no pusiste en mi balanza,
esto que llevo en mi pecho,
pedí un poco de amor,
ese que se da con ansia,
no valoraste mi calor,
a nada le diste importancia...
sabes qué,
¡tú te lo perdiste mi amor!

le pondré un alto al corazón,
no lo dejaré más suspirar,
¡tú no me supiste amar!
ya vendrá otro pasaje mejor.
al final nos veremos
y tal vez te lo hagan peor.
Todo pudo haber terminado diferente,
¿ Por qué lo echaste todo a perder?
¡ya no quiero volverte a ver!
¡ya no quiero de ti saber!
¡me lastimaste con tu mentira!,
¡al final te lo cobrará la vida!

La vieja glorieta

Dábamos vueltas y vueltas a su alrededor.
aquella glorieta, de amores recogedora,
era la más concurrida a cualquier hora.
Pero mucho más por las noches,
ahora vuelven a mi memoria
aquellos hermosos coches
llamando mi atención,
Renovando de ella su historia.
cuanta juventud al derroche.
engalanadas de ensueños
entre vueltas con resplandor,
sintiendo tanto el amor
creyendo que allí estaría tu dueño.
Estudiantes, amigos, hermanos
que sus sueños reunían,
sus ilusiones corrían
las vueltas, agarrados de la mano.
Sobre el muro allí plantado,
surgía siempre un enamorado,
tal vez en la primera vuelta
lo pudiste conquistar,
o no era la persona cierta
a la que debiste mirar.
tal vez en la segunda
cupido ahí te flechó
no fue muy profunda
la que esa noche surgió.

La tercera vuelta tal vez
el amor pudiste hallar
ese no se te fué
con ese en el banco,
te pusiste a platicar.
Atrás mi iglesia de comunión.
donde los domingo llorando
hacía mi confesión,
para pedirle perdón
antes Dios crucificado.
Por la noche sin ser tarde
volvíamos el parque a voltear,
la calla Cuba, su principal.
y la glorieta esperaba
que la fueras a visitar.

Las laderas de mi volcán

Por la ladera de mi volcán
sube hombre,
sube fiera
sube amigo,
sube niño
¡que suba cualquiera!
que tenga merecido afán,
llénate con mi calor,
escala mi profundidad
conociendo mi verdad,
yo te he de ayudar
con mi amor.
Ven sin abrigo
para poderte refugiar más,
quiero sentir tu cuerpo,
el contacto humano,
saber que vives
y no estás muerto,
toca la humedad
de mis laderas,
quiero el calor de tus manos
que se deslicen,
con mi pasado tiempo,
ese que lo puedes ver
en cada momento.
Ahí lúcidas
están mis caderas,
que te guiarán
con mi plano
todo detalle,
de mi cuerpo
por entero,
y sientas como yo amo,
ven a mi,

eso es lo que quiero
entregarte mi volcán,
y su fuego,
tal vez lo necesites
como ese pedazo de pan.
Sube hombre
sube fiera,
sube amigo
prefiero al niño
que inocente admite el castigo,
para enseñarle
que se revele,
que el mundo
no es de los mendigos.
Es de los que sueñan
los que se empeñan
entre letras con sentimiento un objetivo.
Entre la hipocresía yo no vivo,
prefiero decir la verdad
aunque duela.
Eso más me consuela
como única razón,
ven niño
¡que en mis laderas!
¡sediento de amor palpita un corazón!

Lastima

Siento lástima infinita
de esas que asesoran
la pena maldita,
que con lágrimas
y dolor
de las que se sienten
tan dentro que se aglomeran
por la espera
a que se calme
y entonces mi corazón
se me acelera,
por momentos siento
que no existiera.
Lastima que brota de lo profundo
donde se esconde la agonía
siento que quiero desaparecerla,
tirándola al viento,
pero al hacerlo
yo siento que no hago bien,
porque esas son lástimas mías.
Yo se que ella duele y da pena,
lástima que subestima a la persona,
que muchas veces logra
que uno ni razona,
ella es cruel
así no quiero querer,
la esconderé
en el fondo de lo profundo,
lástima que empaña al mundo,
nunca ames así,
porque la lástima no es buena,
te hace sufrir,
te hace sentir
como aprieta de fuerte
en el pecho una cadena.

Leyendo la palma de tu mano

Quiero leer
en la palma de tu mano
el presente,
porque el pasado ya pasó,
se que no lo podrás percibir,
pero con todo mis respeto
hasta lo voy a escribir.
Te pondré mis razones
que no logro contener,
yo ve en tu palma
que un hermoso futuro
comenzará a florecer,
dale amor,
fíjalo en tu alma
para que lo puedas obtener.
Una persona se presenta
oliendo a perfume de galán,
parece que tiene dueño,
lo de esta persona con tanto afán,
son otros empeños, no te conviene.
Pero hay otra más
de avanzada edad
que tiene fortuna,
ésta tampoco te conviene,
porque debes darle
medicinas en ayunas.
Además tiene problemas pendientes,
creo que,
sexualmente ya no siente,
además con sus experiencias
sabrá cuando le mientes.
Hay otra persona más
que es atenta, genial,
pero es fraudulenta,
esta,
problemas te puede acarrear,
no la tomes en cuenta.

Existe otra que es bien rara,
nunca sonríe,
está muy triste y pesarosa
como si la vida
fuera poca cosa. Esta no,
para penas las que existen
en el mundo como cadenas,
y es muy celosa.
Voy a soltar tu mano,
¡ya no puedo más!
no puedo seguir tocándola,
porque escalofríos me da,
mira como sudan las mías,
no te das cuenta
que desde que te vi.,
mi vida yo la perdí
no en la palma de tu mano,
en tu cuerpo y en tu vivir,
mira mis ansias
como se desbordan
queriendo salir,
soy la que está en tu destino,
no la busque más,
hazme mi cuerpo sentir,
abre mi corazón
allí tu nombre verás
grabado desde tiempo atrás,
en pañuelo fino.
Une tus palmas, a las mías,
pero bien fuerte, cartas en el suelo
y este deseo de tenerte,
¡uniendo nuestras dos bocas!
¡en un beso, vida mía!

Libélula

Al amanecer en mi ventana,
una libélula me hablaba,
de sueños multicolores,
pensando en amores
aun con aliento,
sobre mieles de esperanza
lloraba,
entre sábanas heladas
¡tenía frío!
¡hasta temblaba!
por la ignorancia
que al mundo abrazaba.
Ven mi pequeña traviesa,
sentémonos afuera,
mira ese árbol,
¿no te parece como si creciera?
Miremos su profundidad,
¡yo creo que creció de verdad!
La vida necesita de todo
como sustento divino,
muchas veces exigimos
sin tener necesidad,
¡ven no me llores más!
un cuento te haré
de esos de amor,
¡ven sin temor!
si quieres yo te lo invento.
En mis brazos la cargué.
¿quieres el de cenicienta?
¿La bella durmiente?
¿Caperucita?

¡OH ! ya se . . . .
¡El de los tres cerditos!
Empecemos pues . . . .
Había una vez,
¿Cuántos cerditos eran? . . .
mi memoria está al revés.
yo creo que eran tres,
¡ ay mi libélula querida !
dormidita la dejé.

Al atardecer,
en mi árbol frondoso,
una libélula suspiraba
en un sueño infantil,
¡lleno, de suspiros contagiosos!

Llámame cobarde

Estoy acostumbrada a tu silencio,
al no querer decir cosas que yo no se,
sabes que te amo como ese mismo viento
que lo necesito aunque no se ve,
pero te necesito
como la palabra amiga,
aunque a veces te hostiga
y te denuncia, no importa lo que digas,
yo necesito saber más,
si es que no me quieres ya,
¡dímelo por favor!
pero no me mientas,
no ves que me he dado cuenta
que lo que te interesa de mi
es tu necesidad,
cierra esa puerta,
así no me has de ver más,
porque yo no soy instrumento
que es pura necesidad,
soy el alma que se subleva
y aunque quede presa en tu silencio
se mutila de tristeza por tu terquedad.
Estoy acostumbrada a tu silencio,
no importa que no me digas
lo que siente tu alma apesadumbrada,
entre noches desoladas
en puro invierno
que siento la enfría,
y aunque se quiere escapar
dices que no sientes nada.
Deja que llegue a mi,
que ella sea la que me hable,
yo escucharé en silencio
aunque al saber lo que siente
me quede muda
y más nunca pueda preguntar
¿por qué es que mi pasión tanto arde?
Prefiero tu silencio,
prefiero callar,
¡para llamarte mil veces, cobarde!

Llega el hastío

Llega el hastío con la inquietud,
me saluda el cansancio
de la espera,
veo pasar al desatino,
miro la lejanía
esa que me llega, y no apareces tú.
Al desconsuelo
lo veo como un triste
riachuelo,
que seco se debilita
por su necesidad,
siento muy dentro esta ansiedad,
que se refugia,
en mi desesperanza,
abro el ventanal
me hallo la desconfianza,
hasta siento la ignorancia
que me sonríe,
a veces me provoca,
me mutila,
hiere
lastima,
y hasta me sofoca.
Sigo mis pasos
sin querer llegar al final,
allí donde te encuentras
el triste y ocaso final.
En eso reabro
mi pasaje de regreso,
con tu llegada,
tú te sumerges
entre mis laberintos de pasiones,
me remueves,
me sacias
mis instintos sexuales,
¡pero este es diferente!1

no todo son iguales
y vuelven las hojas de otoño,
a caer detrás
de mis ilusionados ventanales.
Caen copitos de nieves
que me los llevo a mi boca,
y se tornan calientes.
Hay un cambio con sabor a brisa
y siento,
que me saboreo . . .
llena de una pícara y tierna sonrisa,
¡descubro la rutina!
¡que ya nada en mi alma duele!
¡estoy curada del hastío!
mi piel se eriza,
¡ay, pero no es por el frío!

Brindo

¡Brindo por el tiempo perdido!
por mis añoranzas,
las frustraciones,
mis pasiones desveladas,
los sueños contenidos,
brindo por mis juegos,
los atrevidos,
las ganas precipitadas,
por mis ansias
descontroladas,
el placer
que a veces no dice nada,
y no quiero entender.
Brindo por mis pocos anhelos
el no querer llegar a ti,
por mi gran frenesí
ante tanto cielo.
Mis descuidos
antes tus lindos detalles,
tus manos rozando mi talle
es mucho lo que percibo.
Mi falta de memoria,
pero no me olvido del todo,
¡alguien grande se amar!
¡brindo por Dios y su gloria!
¿Por qué más se puede brindar?
Siento una lágrima
que recorre mi mejilla
llegando muy resbaladiza,
neutralizada,
tal vez un poco asustada,
hasta caer al suelo.

La impotencia no me deja,
no la puedo aguantar,
después vienes
con tu ignorancia la pisas,
en mi silencio debo quedar,
siento entonces,
¡más ganas de llorar!
¡la impotencia!
no me puede enmasillar
¡Al menos, déjenme!
¡Dentro del alcohol, poderla ahogar!

Llévatelo todo

¡Toma mi corazón!
llévalo donde quieras
¡ya no me pertenece!
sé que te lo robaste,
porque
ya dentro de mi
empequeñece.
Lo capturaste
en el primer viaje
a esta tierra,
mi isla divina
dormido entre mis palmeras,
lleno de ilusiones
lo arrancaste
quitándole la luz que ilumina,
las noches placenteras.
Te lo llevaste en traje de amapola
a veces eso uno no espera,
¡sólo suspiro y suspiro!
siento que mi alma
lo extraña tanto,
porque en tu robar
la dejaste a ella sola.
¡Llévate todo de mi vida!
que me importa lo demás
¡llévatelo ya!
antes que me quede perdida
Y no sepa ni tu nombre,
entonces
como un extraño
espejismo incierto,
me parecerá que haz muerto,
me provoques
solo al verte,
¡que me asombre!

llévate lo más sutil,
hasta tus palabras
¡tampoco las quiero oír!
He perdido tono y acento,
déjame con mi sentir,
es mejor un lamento
antes de tener que decir
¡Ya no te amo, no quiero fingir!

Loca errante

Mi pensamiento discurre,
se acelera,
se me ocurre,
si al abrir la puerta,
¡ahí esperándome estuvieras!
Mi pensamiento divaga,
todos los días
en que me amaste
si ante esta agonía me buscaras,
volver a sentir el susurro de tu amor
que de nuevo me hablaras
de nuevo me abraces
¡que toda me amaras!
sentir tu calor.
Mi pensamiento corre veloz,
tal vez,
tanto que llegar
quisiera
a lo imposible
si dentro de mi sentir
tocarte todo pudiera
aunque después.
Vuelvas a ser mi imposible.
Mi pensamiento en sus travesuras,
cuando tú te duermes,
como danza
en nuestras más tiernas locuras,
te reto,
aceptas,
te beso,
me atrapas,

te busco inquieta,
me aprietas,
te succiona mi boca,
¡yo me vuelvo loca !
tú me dejas ilesa,
me quedo en tu cuerpo presa,
en ese maravilloso
y fugaz instante.
¡Ay mi pensamiento!
¡soy loca de amor errante!

Locura

¿Me dices loca.?
¿Qué sabes de las locuras?
de esas que el corazón espanta,
porque el cerebro
pierde el sentido
y el alma mucho no aguanta.
¿Qué sabes de las locuras?
Esas que en mi se aceleran,
quisiera que te caigas al abismo
y yo esperarte debajo
hasta que cayeras.
¿Qué sabes de las locuras?
Que lentamente me vienen.
¡Yo te mataría!
junto con mis ansias
y enterraría tu cuerpo
en mi bóveda que no es fría.
¡A mis locuras no les temas!
ellas están
entre rejas prisioneras,
¡Ay si tú vinieras!
¡y mi locura me la pidiera!
Pídeme mi loco andar,
pídeme que te seduzca,
pídeme que te viole,
¡todo lo que tú quieras!
que mis locuras tu controles,
ellas las guardo dentro de mi blusa.
Rómpela y llénate de ellas,
no las dejes escapar.
Pídeme más
y mucho más te diera,
¡mi cofre húmedo!
¡Lleno de orgasmos de una vida entera!
mi mundo y mi ternura
con tu llave de pasión,
¡Ábrelo!
¡Que ahí está mi locura!

Los años

Soy recogedor de historias
y de hechos,
vengo con los brazos abiertos
para cobijar tus pesares,
tus penas, y tus arrabales,
apóyate en mis peldaños,
escalas con ilusión los pesados años,
yo vengo a señalarte tus errores,
no temas no te haré daño,
para que después
no te pesen con dolores.
¿ Recuerdas tus primaveras?
donde las penas reían,
sin saber que ellas después
al pasar la cortina te cobrarían.
virtual y engalanada y yo ahí mirando
desde lejos sin poderte decir nada.
Creíste de la vida en su pasar,
que los golpes no te iban a enseñar.
Yo no perdono, ni al uno ni al otro,
yo soy cruel
contigo y hasta con los otros.
Voy poniendo sobre las sienes
fibrosos hilos de plata,
entretejo los rincones con telarañas.
Nada de mi pasar puede extrañar.
Yo ahí vegetando
con el de cursar de los días,
no me importa afuera,
si es noche, o si es día,
solo sé que marchito cada año,
y no te importa si sufro o muero,
porque me quitas de arriba
cada vez que puedes,

sin mirar
que por más cansado que esté,
estoy junto a ti siempre,
Y me tienes,
aunque a veces no me ves
por más que te arrepientas,
viéndome como ermitaño,
se que quieras o no quieras
al final conmigo duermes,
y mucho me sientes.
Soy el más fiel,
Porque soy de tu vida,
LOS AÑOS.

Los ídolos se rompen

Los ídolos son de barro,
al final se pueden romper.
Yo se lo que es el color negro,
mi sentimiento lo precisa,
conozco el blanco con el negro
combinando.
Tengo mi alma en un tono
que es mestiza,
porque la pena me invade
y me esta lastimando.
Siento las palabras,
esas que dictan sentencia,
la palabra de excusa,
tal vez incoherente,
la palabra sencilla
que te llega algo confusa
y que me lastima,
lacerando mi subconsciente.
¿qué hice, a quién lastimé?
¿ por qué la llaga cruel?
somos humanos,
no somos ídolos de barro
que se pueden romper,
al tocarlos con la mano.
Yo preciso lo blanco
dentro de lo oscuro,
dándome un tono inseguro,
que me hace comprender
Prefiero lo blanco
y que no sea tan puro,
Prefiero lo negro,
aunque puede palidecer.
los ídolos son de barro,
¡al final se pueden romper!

Lucero de mañana

Porque en ti provoco
desenfreno pasional,
cuando te veo,
te toco,
sin poderlo yo evitar,
¡siento tremendas ganas!
de poderte amar.
Penetras cauteloso
siempre amante,
te aprisiono
el alma con la mía,
¡siento un amor esplendoroso!
casi delirante,
llenando de fuego tu vida vacía,
volviéndonos locos amantes.
Porque en ti provoco
un apetito voraz
¡ven penétrame más!
¡hazme sentir dichosa!
olvidemos el mundo,
ante esta sensación
tan grandiosa.
Porque en ti provoco
locura emocional
si lo quieres,
¡vuelve de nuevo ama!
Déjame con mis locuras
poder entrar
en tu mundo de delirios,
si no te tengo
es mi martirio,
¡lléveme al más sano lugar!
¡despierta caminan mis ansias!
¡a tu infinito soñar!

Luna de todo

Mi luna presiente
cuando alguien la ama
y no necesariamente lo material,
es lo que aclama,
necesita saber
que siempre de los poetas
es la eterna y enamorada dama,
¡mi luna sale para todos!
en las noches,
en las tardes
y escondida entre recuerdos,
espera su eclipse de sol
para encontrarse con su amor.
Yo la comprendo tanto
y a veces me da tristeza,
porque siento una nobleza
en su desesperación,
ella sabe que siente pasión,
hay tiempo con espanto,
hay dolor con su pena y llanto
lo que nadie sabrá nunca,
que ella
desde arriba,
con su cara de amapola,
¡sabe que no está sola!
porque es mucho el resplandor
que en días anteriores,
le anunció su eterno amor.
Las estrellas curiosas
empezaron a indagar,
unas con otras comentaban
que de amor el cielo podía tronar.
Soltó su pelo,
empezó a cantar
para que las estrellas
se fueran acostar.

Perfume nuevo estrenó
vistió de rojo con plata,
el sol al fin llegó
en su eclipse total,
ella sabe
que es cuando único,
se pueden amar.
Se encontraron en la playa
muy cerca de la alameda,
que tarde tan maravillosa aquella,
en que el deseo los cubrió,
la luna tanto amor resistió
hasta quedarse llena,
suspiró en alabanzas,
dispuesta ante el cometa
que contento la saludó,
por eso ella bien feliz
y de felicidad plena,
desde entonces,
¡alimenta de amor a todos los poetas!

Luz de esmeralda

La esmeralda está profunda
¿La quieres buscar?
Prepara tu equipaje,
emprenderemos un largo viaje,
entre algas marinas,
hallarás una hermosa vegetación
es la flora más divina,
que te alimentarás de emoción,
ven que te voy a demostrar.
Llegaremos al puerto seguro,
donde hay manantiales oscuros,
pero allí buceando
nos podemos sumergir,
aunque hayan fuertes oleajes
contra rocas,
queriéndolas desbaratar,
no te asustes si al bajar
la presión comienza a subir,
es algo que no podemos evitar.
Nuestros cuerpos flotando en el mar,
buscando la codiciada esmeralda
entre desesperos
se dejan influenciar.
Siento que me aprisionan tus brazos
para un secreto dar.
Te me encimas con pasión
y me rindo a la tribulación,
¿qué quieres mi amor?
¡abrazar mi pena!
bucea hasta en la profundidad
de mi fecunda
Ingenuidad,
ven entonces,
dame oxígeno boca a boca,
ese elixir blanco,
tan codiciada
al salir casi de un roca.

Jamás una esmeralda
fue tan buscada . . .
con el cuerpo,
con la mente,
con las manos,
con la respiración
bien entrecortada,
con la boca
sin palabras asomadas.
Vueltas enroscadas,
sensación acuática y excelsa,
de dar y recibir amor
entre burbujas acorraladas.
Jamás una joya lució
tantos colores encendidos,
final de los juegos atrevidos.
Fuertes quejidos
entre revoloteos contagiosos,
cada vez más peligrosos
hasta sumergir,
carcajadas a plenitud
tú me pusiste luz,
¡robaste la esmeralda
que nos dio tanto gozo!

Manjares de vida

¿Qué si mis senos son aventureros?
Te equivocaste al pensar,
ellos no han sido nunca viajeros,
han sido manjares
de bocas sedientas
del hambre de vientre
que nutre entre sus amantares.
Ahí se han crecido como tierra bravía.
Son mis senos nativos,
impulsivos,
sensitivos,
y si llamativos.
Cuando tus manos tiernas
los acarician
son sensitivos
¿recuerdas?
Me los vuelves viajeros
de delicias mundanas,
se vuelven sedientos como dulces manzanas
entre tu boca jugosa,
cálidos como rosa entre tu apetito voraz,
te tengo que decir
¡no puedo más!
y déjalos que sean viajeros
que salten muros,
ríos,
naveguen lejos donde ellos quieran.
Al más leve contacto de la ternura
se vuelven fogosos,
¡son altaneros!
y se crecen como soñador de aventuras
Mis senos se quieren salir de su inmensidad
cuando me los hace sentir más y más.

Hacen un llamado a la maternidad
más nativa,
!allí alimentando vida!.
Ellos, cascadas fulgentes en mi andar veraniego
¡no los ves !
acarician al mar,
besan las miradas de los indiscretos ojos
que los miren, son naturales ¡yo no me enojo!
Ellos son abrasadores de esperanzas de amores,
de sueños, de cantos de ruiseñor,
de soles de mañanas,
de auroras del despertar matutino,
del más brillar genuino, anhelo de la esperanza,
del hombre que se agiganta
ante la vida divina,
Mis senos,
¡dos gotas cristalinas que resbalan por tu garganta!

Me cansé

Me cansé de esperar,
no se si fue de tanto quererte
o si fue de tanto amar,
pero lo que si se,
que un cansancio se apodera
de mis instante
y siento
que ya el ídolo de mis sueños
con sombrillas y aspalgata
por el camino más breve,
el más inconcluso,
el mas inexacto se fue.
Cabalgando en potrillo de aventuras,
esas que corren veloz
y sin saber cómo
por una migaja de sensaciones te arrastran
y te desencantan después.
Me canse de esperar
el universo de tus precipitados versos
y a hurtadilla
como quien ama mucho su vida
me dejé tocar por tus dedos
que fueron mi locura,
ahora dentro de esta noche oscura
siento que ya ni puedo tocar tu pelo,
que solo encuentro tus huesos carcomidos
por la rabia
de hallarme recorriendo las calles del olvido
y entre ellas me duermo sola,
soy amante y señora,
me sacio con besar una flor
que al contacto
del más leve beso
se abre el más puro y tierno amor.

Me cansé de esperar,
era de imaginar,
¡qué pena que no lo pudiste meditar!
porque uno se cansa de todo,
del exceso y del defecto,
pero amaneciste un buen día
entre mis calmadas ganas,
me cansé,
¿Qué quieres que haga?
Si sólo me dejaste
Las huellas por donde tú caminabas.

Me contaron de ti

Alguien me contó de ti
entre murmullos
que a veces pienso,
que era tan fuerte el aire
que se los llevó el viento,
no se si fue cierto
o es que lo soñé,
como esas historietas que a veces
nos inventamos,
para entretener al alma
y que puedas entender,
alguien me contó
que eras más feliz,
que lo que fuiste conmigo ayer,
que eras dueño del amor
el más placentero,
me contaron
que por las noches
te miran acompañados
por aquel puente,
donde tirando monedas a la fuente,
a la misma suerte jugábamos,
unas tiraste tú
y otras tiró ella,
pero que las monedas rebotaron
y que asustados
se fueron sin entender
el por qué y la razón.
Los años pasaron,
alguien me contó
entre esas historietas
que a veces nos cuentan,
sin exigir al contar
que en tus sueños
aparecen sin esperar
y sin pedir nada,

que era a mi la que extrañabas
y pedías a la suerte de tu vida
que yo volviera a verte
y pasar por aquel bendito puente,
donde aquella tibia agua
nos esperara.
¡Ay amor si me contaran más de ti!
qué feliz yo estuviera,
porque han pasado los años
y sigo sentada
en aquel puente,
tirando mis anhelos
y mis ganas encontradas.
¡Ay amor si de nuevo tú me amaras!

Me desnudo

No quiero tapar mi cuerpo
para sentir el cambio de esta brisa,
del año que comienza
perforador de intentos
por este frio de invierno.
Solo peine mis recuerdos,
hallando al hambre
devorador de fieras
al apetito en su vano intento,
la furia humana del ex convicto
acariciador de drogas,
el que sacia la violenta ira.
Se abre un hermoso circulo de esperanzas
jarrones finos, vajillas de exquisita porcelana,
la cena esta servida con caras nuevas,
hay sed de vida en la piel de trigo,
con la miseria acuesta.
Unos ojos taciturnos que doblegan la ira,
sonriendo indiferentemente,
quiero poner paz, ordenar todo.
Quitando, poniendo, diciendo,
exigiendo a otros lo que quiero.
La cena está servida, ¡desmedido manjar!
que ironías de la vida,
los muertos ofrecen su mejor cena,
lo que los vivos no pueden dar.
Mi estirpe no puede ser mas concreta
antes el plagio con su gran mentira,
la infancia cascando nueces,
la ignorancia coqueteando al iluso,
la miseria de tantos trotadores de sueños,
el desempleo de tanto con el alma llena,
una infancia retorcida por la violencia,
una juventud troncada por el trasteo violador, mezquino
del hombre que pide dulzura,
No quiero alimento alguno....
no puedo desnudar mi cuerpo mas
mi alma la cubre una sola verdad....
¡ Es mejor que me ponga mi abrigo !

Me enseñaste a vivir

Me quemas dulcemente
nutriendo la esperanza
y te siento
cerca de la ilusión perdida
en las horas de este silencio tan mío
ahora ya puedo hablar
y con la palabra,
¡un te quiero!
Que lo elevo al viento
para que llegue a ti,.
Ahora puedo sentir
con un suspiro
que violenta mi pecho
mis deseos
ya puedo amar,
porque tú precisamente tú,
me enseñaste
¡a vivir!

Me gusta

Me gusta tu transparencia
cuando miras en quietud
sin hacer reverencia
porque así eres tú.
Me gustas inseguro,
si estas improvisto
hasta verte en apuro
en momento preciso.
Me gustas en invierno
cuando un otoño espera,
cuando tu amor es tierno
me conviertes en fiera.
Me gustas cansado,
taciturno y sin inventos
tu carácter pausado
tus lentes de aumento.
Me gustas todo tú
en ti vivo el placer
disfruto a plenitud
¡con gafas lo quiero hacer!.

Me hallarás

Yo no te abandoné,
crucé el umbral y no me recibiste
donde nos íbamos a encontrar.
Te esperé impaciente,
nerviosa,
con mezcla de ansiedad de desesperanzas,
con los labios húmedos
por el deseo y las ansias
acurrucadas en mis sienes,
¡tantos anhelos escalé!
hasta tropecé con varios mundos,
navegué puertos,
toque muros,
todo yacía desierto
quedando una interrogante,
que no pudieron contestar.
¡yo sólo quería!
¡subir contigo al cielo!
tocar con mis manos
tus elementos sensoriales,
hallar el espacio lunar.
¡y entre nubes poderte amar!
. Había tanto silencio entre la inquietud
y mi desespero,
que sólo quedó el desconsuelo,
sin poderme ilusionar.
Sentí el frío de la desconfianza
que me invadió de repente, porque no supiste llegar.
¡sentí dolor!
¡sentí soberbia!
¡me sentí impotente!
y entre suspiro queria estallar.

¡No me haz perdido!
¡me saludó la desconfianza que no habia querido!
¡déjame salir amor, dame tu mano salgamos afuera!
para llenarme de tu brisa nueva,
que me huele a fresco, de lo que no he vivido
¡yo te volveré a encontrar!
Porque siempre detrás de cada sol,
saldré con mi traje transparente de luna,
¡Para besar tu alma y podernos amar!

Me recordarás

Me recordarás si,
hasta cuando el silencio
te corrompa el alma,
quieras entonces hallar
un eco de esperanza
encuentres soledad y calma.
Me recordarás,
al necesitar un amigo
que no tienes ya,
sientas que aun
habiendo calor,
tu cuerpo sienta frío,
porque ya no sientes por nadie amor.
Me recordarás,
al intento de despertar
en tus nuevos brios,
te asalte la duda.
Y entonces,.
en las calles del sueño,
no puedas ya soñar,
no importa que vayas al lado
de la que dices que es tu dueña,
no haya palabra que decir.
Sólo podrás meditar,
porque la rutina
les puede llegar,
haciéndose su enemiga,
al doblar la esquina,
Por donde tus pasos ya cansados
tengas que pasar.
Me recordarás.
Cuando quieras tocar la tibieza
de una armonía,
sentir una palabra amiga
que te escuche a ciegas,
ves que no hay respuesta,
¡que no te llega!

esa sonrisa que se evoca,
porque la sueltas
y te provoca
saludando a la felicidad.
Me recordarás si,
cuando encuentres el silencio
abarcando una vida vacía.
Me recordarás
en tu lejana alegría,
que ya el alma disfrazas,
no sabrás ¿que te pasa?.
Pero me recordarás,
sabiendo que hay pasión,
que te abraza
junto a mi lejanía,
¡qué te desee de noche y de día!
Me recordarás
en las noches
cuando tengas ganas
y las sientas frías.
Me recordarás también
al ver tendida una cama,
y el deseo fugaz
con que te desvestías,
escuchando mi voz interior
que tú amas.
que la deseas
aunque ya no la veas.
Deseándome decir antes de dormir,
¡no te vuelvas a ir!
¡vivamos el último momento!
¡abraza mis sentimientos!
¡estos que te adoran!
cerraré los ojos olvidando la hora,
¡nos volveremos amar!
¡aun en la eternidad!
¡porque sé, que me recordarás!

Me regalo

Me regalo a ti completa,
entre el silencio
y la palabra perfecta.
Mi amor es el regalo
que te hace sentir grande,
abrir puertas
escalar montanas,
pasar fronteras,
hurgar en lo profundo,
hasta dentro de las brisas que se sublevan,
en los copos encendidos
por la nieve fría,
en la mañana que augura
la llegada cuando tanto se espera.
En los entornos de la difícil adolescencia,
en mi sentir
al tocar tu vida,
tu sentir dentro de mi existencia,
te regalo,
esto que no compartes con nadie,
porque sólo eres tú quien lo siente,
quien lo abraza
quien lo tiene
quien lo mima,
y te enternece.
El regalo más preciado,
más divino más valioso,
te regalo,
mis dulces anhelos,
mis más dulces sueños
mis ilusiones perdidas.
En este estuche
¡está gimiendo mi corazón!
que late apresuradamente.
¡te regalo sus latidos!
¡te regalo mi vida!
¡te regalo el más largo suspiro!
¡te regalo mi presente!

Mentiras

¡Hijo de la Gran Bretaña!
¡me engañaste!
con tu inmunda mentira,
¡me defraudaste!
volviste abrir mi herida.
Me hiciste
creer un cuento incierto,
lo reviviste
entre la farándula,
de tu inmundicia teatral,
el engañado serás tú
al final,
esa no es la vida.
Te valió madre ese cuento
porque no lo creí
tan nuestro,
me hiciste creer
en tu segunda llegada,
¿Seria el Mecías?
¿Quién lo diría?
aquel que no existió,
que otra época tal vez halló.
No te das cuenta
que cuando muera es en esta.
En la anterior
dudo de haberte amado
porque detesto la mentira
y tú la haz inventado.
¡Tú lo sabias!
¡La mentira me dolía!
Destruiste el pedestal más alto
del ser humano,
¡Más nunca te puedo amar y menos darte mi mano!
¡Mentira injusta y cruel!
que mis entrañas visten de amargo
y con sabor a hiel.
¡No vuelvas nunca en tu miserable vida!
¡Déjame que quiero
quedarme presa.
¡Entre mis ilusiones perdidas!

Mi alimento diario

Alimentar el alma,
es ver que tus ojos
me quieren mirar,
sentirte cerca de mi
sin que te pongas a pensar,
es escuchar tus palabras
que me llenen de aliento,
es sentir tus alegrías
que llenen mis agobios,
es que te dejes amar
con todos mis augurios
y que al recorrer tu cuerpo
con mis manos
que te acaricien tus sienes
y entre suspiros y cariñitos
que sepas que incondicionalmente
me tienes
por completo,
alimentar el alma es saberte
muy dentro de mi
y que te satisfago
con todas mis virtudes y defectos
y hasta en el error que a veces cometo,
porque no somos perfecto,
solo quiero que te sientas
repleto
de amor
y eso si no es un fallo.
Alimentar el alma es buscar
en el fondo de los placeres
que en ti tanto yo hallo,
buscar y buscar dentro
de lo que tanto queremos amar,

yo quiero sólo que nos alimentemos
amor porque no quiero
que duerma entre la debilidad
este grandioso amor,
aliméntame,
cuantas veces sea necesario
para sentir este calor
dentro de nosotros
como ese péndulo
que marca el segundo a diario.
Que no se detenga tu amor
y llenémonos el alma siempre,
pero siempre
¡con tu fuego encendido de vapor!

Mi alma desnuda

Quiero sentir mi cuerpo como al nacer.
Inclinada sobre un rosario de deseos
que me incitan,
quiero amanecer
Y acariciar mi intimidad potencial,
no me cubre vergüenza alguna,
¡porque nada puesto he de llevar!
Quiero que me sientas tal como soy,
con una neblina de pensamientos
sólo me cubre lo que tanto siento
y llevo por dentro.
Tristezas a nadie doy.
¿Penas?
Si, de esas que como cualquiera nos condena,
nos marcan, nos sentencia,
hasta el alma nos ponen en cadenas,
desatándolas luego con otras que vienen después,
yo les envolví en fina muselina
para adorarlas y convertirla en revés.
¡Entonces las torno divinas!
Mis alegrías las alimentos a diario
con su preferido manjar el que se me antoje
Aunque al expresar tanto mi rostro se me sonroje,
no me importa, fecha ni calendario,
ellas se me provocan,
no solo con una copa del mas exquisito vino,
ellas danzan entre la esencia de la vida
y muchas que no concibo,
Suelto mi risa como cascada
y me place que se entusiasmen todos,
es mi sentir dichoso
ante el capullo que se anuncia esplendoroso,
embriagándome con su tierno aroma,
con la evolución de la vida cuando asoma
al sentir cuando un niño también me besa,
crezco enfurecida queriéndoles cuidar su vida.

Cautiva del amor,
ahí detengo mi vida.
Acostada cerca de la playa mi cuerpo me lo apresa
una ola que viene fresca con cierta suavidad,
cierro mis ojos y me dejo llevar con ella,
sintiéndola hasta en mi intimidad.
Me hace sentir divina y majestuosa
sintiendo que mis manos
me convierten
en poseída diosa.
Si tú no estas,
mis manos hacen con mi cuerpo
un hermoso plano,
que entre el susurro del mar y ese suave oleaje
me calienta y me vuelvo salvaje
y siento tu recuerdo
para mi auto satisfacción, eres tierno brebaje.
Ahogada y llena de emoción
doy gracias a la vida
por tanta transformación.
Siento un rocío de lluvia fresca
que me despierta y
me vuelve a provocar,
vuelvo a sentir más y más.
Entre ese inmenso mar
la lluvia.
la apuesta del sol,
la luna,
tu cuerpo varonil . . . .
¡No puedo amor dejar de sentir!
¡lo siento, quiero volverme a desahogar!

Mi credo

¿Qué aire te impulsó?
para llegar con la brisa de la noche,
ahí donde mi alma,
se me llena de inquietos reproches,
¿qué aire te empujó a mi vida?
para dejarme ahora con las rejas cerradas,
y sin salida.
¿por qué me hablaste de tus sueños?
si los hice mío,
de tus inquietudes de mares,
de océanos ardientes,
sin saber que hablando de tu vida
la hacia coherente,
más unida
a mis detalles,
poniéndole mi perfume y azahares,
y a tu océano lo llené de peces de colores,
a tu sentir,
un novedoso toque varonil.
Pero quisiste seguir danzando
en el teatro de lo ficticio.
En tu folclor,
bailando altanero en el compás del olvido,
yo observándote desde lejos,
observé tu falsa, lo atrevido y te ví
más que verte te presentí,
en ese gran teatro que es la vida,
tan incierta,
donde la verdad,
el sentir, el ansia,
el amar lo hermoso,
yace en la orilla de la playa,
viene una ola lo arrasa todo,
haciendo que con ella se vaya.
Me he mirado por dentro, me queda algo virgen,
voy a mi rincón para seguir predicando,
El Credo, mi oración.
. . . Creo en el iluso,

el ansioso,
en el corrupto,
el poderoso, injusto,
el grosero poeta,
que nunca es sincero,
en la hipocresía que nace día a día,
en las almas envidiosas,
en las que se cubren con otro nombre,
las que se cultivan como diosas,
las malas, las ponzoñosas,
en el ilustre caballero de letras,
quitándose ante la dama el sombrero,
y después la amenaza
como matrero
cobarde y ruin,
en las almas dañinas y egoístas
que se resbalan dentro de su propia pista.
Creo en el hombre que se engrandece,
exigiendo libertad con toda su ira,
pero un hace nada,
al final muere en su guarida,
habla, pide.
aclama, sugiere,
añora, sufre,
llora
y brotan gotas húmedas,
¡Todas mentiras!
¡Señor!
Yo sé dónde tú estás,
¡Eres mi única verdad!
¡sigue dentro de mi !
¡Dame fuerzas para poner tu credo en la bendición!
¡y para todos los demás!
le darás como acostumbras, su eterno perdón.

¿Qué aire te empujó con la cálida brisa?
¡Si al verte llegar hoy!
¡Ya no me inspiras ni la más leve sonrisa!.

Mi estación quedó atrás

Confusión que me devora
desviando mis sentidos,
me alivia,
me place,
me atormenta,
me mata,
¡y luego renace.!
¡Perdóname corazón esta noche!
es que me siento con mucho frío,
¡discúlpame corazón mío!
¡cuánto te he dejado acelerar,!
Hoy me he puesto a pensar,
que no vale la pena los desvíos,
él no te pudo valorar,
porque no podía ser mío.
He podido reflexionar,
que es mejor que me aparte
no le veo el sentido,
¡Que sólo yo pueda amarte!
ya que este amor es tardío.
Quedó atrás en una estación presa,
Dejó mi pasión entre sábanas ilesas,
que no pudiste estrenar,
es mejor ahora despertar.
Seguiré con mi ilusión
que no tiene ya dueño,
¡no basta un solo empeño.!
¡No y mil veces no!
¡me castigo esta necedad!
sin pensar en mí presente,
quédate reposando en mi mente,
¡que ahí te quedarás!
como una tribulación fugaz
que pasó, como pasa un día
y no puede volver
¡deja mi corazón quieto!
¡No lo atormentes más!
si no te puedo tener
¡ya prefiero la noche sombría!
¡si no te puedo tener!